Chantal Rialland

CETTE FAMILLE QUI VIT EN NOUS

Ce livre est dédié à tous les Enfants
Ceux d'aujourd'hui
Ceux à venir
et à Celui qui vit en chacun de nous.

Je remercie tout particulièrement :
Mme Joëlle de Gravelaine pour son accueil, son aide précieuse pour la rédaction et son intérêt pour le sujet.

Je remercie également :
M. Alejandro Jodorowsky, qui m'a fait connaître, il y a douze ans, le concept de psychogénéalogie.

Je remercie les secrétaires qui, au fil des mois, m'ont aidée avec efficacité et dynamisme.
Je remercie mes ami(e)s qui m'ont encouragée et soutenue.
Je remercie mes patients, dont les histoires familiales, par leur spécificité, m'apportent chaque jour.
Je remercie mon arbre généalogique.
Je remercie les différents thérapeutes avec lesquels j'ai travaillé sur ma propre histoire familiale.

Afin de préserver le secret professionnel,
les exemples cités ont été légèrement modifiés,
les prénoms, notamment, ont été changés.

LA PSYCHOGÉNÉALOGIE

Nous avons tous une histoire. Une histoire de famille dont nous sommes un des maillons, pleine de personnages que nous connaissons bien, père, mère, grands-parents, frères ou sœurs ; et d'autres, dont nous ne savons pas grand-chose (ou rien), mais leur trace subsiste en nous, à travers des secrets, des non-dits, des allusions, transmis par nos parents. Cette mosaïque familiale a exercé sur nous une influence, que nous en ayons conscience ou non, et elle est souvent à la source de répétitions obstinées que nous constatons sans les comprendre. Pourquoi, en effet, choisir un homme qui nous fait souffrir, comme notre mère a choisi un mari qui l'a fait souffrir et comme sa propre mère avait vécu mort et passion à cause de son époux ? Pourquoi succomber à la même maladie que notre père au même âge que lui ?

La psychogénéalogie nous aide à opérer ces prises de conscience nécessaires et libératrices, à mieux découvrir à qui nous nous sommes ainsi identifiés, quel rôle familial nous avons endossé sans en avoir eu l'intention et parfois contraints et forcés.

Explorer ce labyrinthe, grâce à cette psychothérapie originale, nous permet de comprendre ce qui nous détermine, nous influence et constitue le tissu de notre vie : canevas de scenarii généalogiques affectifs, sexuels, intellectuels, professionnels.

Nous retrouvons les mêmes croisées de chemins, revivons certains événements semblables à des âges identiques, reproduisons des situations équivalentes, formons des couples similaires...

Il s'agit, au cours de cette psychothérapie, d'apprendre à bien utiliser son histoire familiale. Nous transformons l'héritage psychologique qui a été pour nous source de souffrance, nous a valu des blessures narcissiques, des humiliations, des sentiments de honte et de culpabilité. Nous exploitons les éléments positifs et les acquis également transmis par la famille. Il importe surtout de mettre un terme aux répétitions des mêmes schémas, des mêmes erreurs qui empoisonnent notre propre vie et risquent d'empoisonner celle de nos descendants. Si nous parvenons à reconstituer le puzzle qui s'est formé en nous, nous démasquons ces pièges familiaux et réussissons ainsi à mettre un terme à ce que certains vivent comme une malédiction, un destin infernal.

Nous arrivons enfin à guérir en nous les conséquences des névroses qui ont affecté les membres de notre famille. Nous cessons alors d'être une victime pour devenir un être libre de décider de son avenir, de ses choix. Même si, comme dans toute expérience psychothérapeutique, le chemin est un travail, le but est de « naître à nouveau ». Ce travail alchimique, la mutation enfin accomplis, nous pouvons désormais transformer cette souffrance initiale en énergie, pardonner, découvrir la joie, ouvrir ses ailes.

INTRODUCTION

Nous sommes tous nés de la rencontre d'un spermatozoïde et d'un ovule. Ainsi se constituent notre patrimoine génétique, notre hérédité biologique. Mais notre héritage n'est pas uniquement fait de cellules, de chair et de sang, il est également psychologique. Souvent à notre insu, inconsciemment.

Nous naissons au sein d'une certaine société, à une époque donnée, dans un pays particulier. Nous ne serions pas le même ou la même si nous vivions au Moyen Âge ou dans trois siècles. Si nous étions nés dans une autre civilisation, dans un pays lointain, nous aurions d'autres coutumes, d'autres mœurs, une autre vision de la vie.

Pour certains enfants d'aujourd'hui, on ne peut plus dire qu'ils sont nés de la rencontre d'un homme et d'une femme : la fécondation s'est faite par un sperme mis en banque anonymement ou la gestation par une mère porteuse.

Il en va de même pour notre famille. Élevés par nos voisins, nous serions complètement différents. Les personnes qui nous éduquent bébé, enfant, adolescent(e), nous donnent, par des processus que nous allons étudier tout au long de ce livre, un patrimoine psychogénéalogique. Prenons le cas le plus fréquent où ce sont nos parents biologiques qui veillent sur nous.

Dès notre conception, nous sommes l'objet de projections de la part de notre famille. Nous sommes désiré(e)s ou non, attendu(e)s en tant que fils ou fille, fantasmé(e)s, rêvé(e)s quant à notre physique, notre caractère, nos aptitudes. Nous sommes d'abord un enfant imaginaire.

À notre naissance, nous recevons prénom(s) et nom.

En grandissant, nous sommes définis, étiquetés selon certaines caractéristiques corporelles, sexuelles, affectives, intellectuelles, artistiques, en fonction des membres de notre arbre généalogique, par comparaison également avec nos éventuels frères et sœurs.

Nous nous identifions tout au long de notre croissance à notre mère et à notre père. Ces géants, pour les petits que nous sommes, représentent le monde, la réalité, la vérité. Nous les imitons, apprenant à travers eux ce que signifie être humain, être homme, être femme, ce que sont le couple, la famille. Nous découvrons la vie à travers eux.

Après avoir subi un ensemble de projections familiales et nous être identifiés à nos parents et à certaines personnalités de notre arbre généalogique, nous mettons tout naturellement en place un système de répétitions.

Nous répétons les points de vue, les comportements, les relations, les agissements de notre famille. Si ceux-ci nous conviennent, cela ne provoque pas de tensions en nous. Par contre, certains prennent systématiquement le contre-pied de ce qu'ils ont connu. C'est ce que l'on appelle le contre-scénario. Mais réagir « à l'opposé de », c'est toujours agir « en fonction de ». Pour la majeure partie d'entre nous, dans certains domaines de notre vie, ces répétitions entraînent des conflits intérieurs. Nous ne faisons pas ce que nous souhaitons et nous ne souhaitons pas ce que nous faisons. Il s'opère un clivage entre notre conscient qui exprime certaines aspirations et notre inconscient qui traduit des désirs inconnus, obscurs, refoulés.

Nous retrouvons les mêmes difficultés en filigrane de notre existence : nous avons toujours les mêmes problèmes dans notre vie professionnelle, rencontrons le même type d'homme ou de femme dans nos relations affectives, revivons les mêmes situations. Nos angoisses, nos échecs nous poursuivent. Comment sortir de ces pièges ?

La psychogénéalogie a pour premier objectif de nous faire prendre conscience de nos mécanismes familiaux, de cette famille qui nous habite. Nous sommes le fruit d'une longue chaîne. Au plus profond de nous, vivent non seulement nos parents, mais aussi leurs propres parents, nos grands-parents, voire nos arrière-grands-parents, même si nous ne les avons jamais connus. Au cœur de nous, vivent nos frères et sœurs, nos cousins et cousines. À l'intérieur de nous, vivent les frères et sœurs de nos parents, nos oncles et tantes. En nous, vivent aussi des amis de la famille, des adultes que nous avons aimés ou détestés pendant notre enfance (personnel de maison, instituteur ou professeur, médecin, religieux, etc.), des enfants, des adolescents qui étaient nos amis intimes ou nos camarades.

La psychogénéalogie a pour deuxième objectif de nous aider à nous libérer des emprises familiales qui nous empêchent de vivre selon notre désir. Pour cela, nous allons partir à la découverte de notre vrai moi, apprendre à nous aimer, à être en paix avec nous-même pour mieux être, pour mieux agir, pour mieux aimer les autres et la vie. Et si nous avons des enfants, nous séparerons l'ivraie du bon grain pour leur donner le meilleur de notre histoire familiale et de nous-même.

1.

PROJECTIONS

ÊTRE CONÇU

Le climat psychologique dans lequel un être a été conçu marque les profondeurs de son inconscient.

Prenons le cas le plus aisé à vivre : les parents, l'un et l'autre, désirent un enfant et accueillent avec grande joie sa venue. Père et mère projettent sur ce bébé attendu tous leurs fantasmes. Préfère-t-on, plus ou moins consciemment, garçon ou fille ? Ou sera-t-il bien accueilli quel que soit son sexe ? Ils formulent des souhaits, imaginent cet enfant à naître. Par exemple, une femme amoureuse de son mari veut lui donner un fils qui lui ressemble ou une fille possédant les yeux bleus qui l'ont tellement séduite. Ou encore, le père souhaite retrouver, à travers son enfant, la beauté de son épouse ou la teinte de ses cheveux. Au-delà de leur propre couple, les parents fantasment que cet enfant, leur enfant, ressemblera à des personnes aimées faisant partie de leur arbre généalogique. Une fille aussi jolie que sa sœur aînée, aussi douce que sa mère, aussi débrouillarde que sa grand-mère qui a fait face à toutes les difficultés ; un fils robuste comme son petit frère, travailleur comme son père, brillant comme son grand-père. Les parents attendent un enfant en fonction de ce qu'ils ont connu, c'est-à-dire en fonction de leur propre histoire familiale. Ils espèrent qu'il héritera de certaines caractéristiques affectives, certains dons intellectuels, manuels ou artistiques. Ce sont les fleurons, les étalons-or de leur psychogénéalogie.

Plus encore, les parents heureux de l'être tentent de faire mieux que leurs propres parents. Ils veulent donner à leur enfant tout ce qui leur a manqué. Ils souhaitent ardemment le voir réaliser ce qu'ils n'ont pas pu vivre ou réussir : des études, par exemple, l'obtention d'un examen de haut niveau. Le « petit », ou la « petite », sera polytechnicien ou médecin, agrégé de philosophie ou chercheur. Ou bien l'enfant recevra une formation artistique dont ont rêvé sa mère ou son père ou les deux : il ou elle dansera, chantera, fera du piano, du violon, de l'orgue, dessinera, peindra. Ou fera du sport. Ou bien voyagera le plus tôt possible afin de parler très jeune des langues étrangères.

Concernant ce bébé, les parents s'angoissent en fonction de leur propre problématique, conséquence de leur enfance et de leur adolescence. Et ce avec d'autant plus d'acuité que père et mère se sont sentis non désirés, rejetés, non conformes au désir familial. « Pourvu que tout se passe bien, qu'il soit normal. » « Pourvu que la naissance se déroule au mieux. » La précédente a peut-être été difficile ou l'une des femmes de la famille, mère, grand-mère, aïeule, tante, a eu un accouchement dramatique ou est morte en couches. Pourvu que cet enfant ne ressemble pas à des membres bannis de l'arbre généalogique : « Qu'elle ne soit pas méchante comme la grand-mère Agathe », « Droguée comme la cousine », « Prostituée comme la tante », « Volage comme la grand-mère Ernestine ». « Qu'il ne soit pas alcoolique comme le grand-père Arthur », « Homosexuel comme l'oncle », « Paresseux et coureur de jupons comme le grand-père paternel », « Clochard comme l'aïeul ». Certains parents redoutent déjà la crise de l'adolescence. Pourvu qu'il n'y ait pas de conflits. « Pourvu qu'il se marie bien. » « Quand je pense qu'elle appartiendra à un autre homme ! » Inéluctablement, devenu adulte, leur enfant les quittera.

L'être humain met volontairement des enfants au monde avec un subtil mélange d'amour, de besoins, de désirs contradictoires, de craintes. Il faut des parents exceptionnellement évolués pour donner vie à un enfant le plus librement possible, pour concevoir que leur rôle est d'apprendre à le connaître tel qu'il est, de l'accompagner dans son développement, de l'aider à s'épanouir au mieux et de le laisser construire sa vie. Ce petit être qui vient de leur chair et de leur sang ne leur appartient pas. Il faut beaucoup de courage et de conscience pour ne pas faire de son enfant « sa chose » et accepter qu'il parte après avoir sollicité tant d'amour, de soins, de patience.

Pour quelles raisons un enfant est-il désiré ? Si ses parents le conçoivent par profond désir d'être mère et d'être père, de fonder une famille, quelle chance ! Hélas, il est parfois attendu pour des raisons psychologiquement moins saines. Il y a des enfants-instruments, créés selon une finalité bien précise concernant la vie de leurs parents et non la leur. Certains ne sont là que pour sauver le couple. Par exemple, la mère est enceinte pour garder son mari qui voulait la quitter, ou encore, l'un des parents entretenait une liaison qu'il a rompue et la naissance intervient comme volonté d'un nouveau départ conjugal. D'autres sont nés pour recueillir l'héritage : des parents ont un enfant, généralement unique, à la fois pour transmettre le patrimoine et ne pas le diviser. Nombreux sont ceux qui ont été conçus à la suite d'un décès, pour remplacer un enfant mort ou pour poursuivre la lignée — l'un des grands-parents, ou l'un des oncles ou tantes, venant de mourir.

Au début de la grossesse, l'enfant a été désiré mais il se passe tant de choses en neuf mois ! Quand on travaille en psychogénéalogie, il faut aussi considérer la vie fœtale : que s'est-il passé au cours de cette période ? Des parents ont eu des chocs : un grave conflit entre eux, des soucis financiers, une suppression d'emploi, une faillite, des problèmes de santé, un accident, un départ pour la guerre, la disparition d'une personne chère, des difficultés avec un autre enfant. Inconsciemment, le fœtus capte l'ambiance qui l'entoure. Il est important de connaître le vécu de cette période pour en être conscient et éventuellement apaiser ou réparer les perturbations que cela a entraîné en nous.

La conception peut être inopportune. L'enfant arrive sans qu'on l'ait prévu. Il s'agit d'absence ou d'erreur de contraception. Il y eut ainsi beaucoup de « bébés Ogino ». Les parents ne sont pas ravis, mais finalement se font à l'idée et acceptent peu à peu le nouveau venu.

L'enfant peut aussi ne pas être désiré du tout, c'est un accident. Au départ, père et mère sont désolés de cette nouvelle. C'est trop tôt ou c'est trop tard, peut-être même ne souhaitaient-ils pas créer une famille. Le bébé fait sien ce rejet ou ces conflits. Certains parents compensent ce manque de désir à la naissance par un excès d'attention, de vigilance qui risque d'étouffer l'enfant et de le rendre très dépendant ou très rebelle. Il existe des grossesses dramatiques. Autrefois, pour bon nombre de mères célibataires, c'était l'opprobre et la mise au ban de la société, voire de la famille. Certains bébés ont été ainsi abandonnés. Les enfants nés d'un viol ou d'un inceste sont aussi le fruit de conceptions particulièrement douloureuses.

Maintenant, le statut des mères célibataires a changé : nombre d'entre elles ont fait le choix d'assumer seules leur enfant. Parfois, ces femmes très prises par leurs études puis par leur métier, approchant la quarantaine, vivant seules, souhaitent faire l'expérience de la maternité. Pour elles, si elles ne deviennent pas mères, elles ne seront jamais femmes à part entière. Biologiquement, elles n'ont plus le temps d'attendre. Il n'en reste pas moins vrai que cet enfant sera privé de la présence du père. D'autres mères célibataires n'ont pas du tout choisi leur situation : elles espéraient construire un couple mais, pour diverses raisons, le père n'assume pas son enfant. Par exemple, il n'a pas envie de fonder une famille ou son travail nécessite une totale indépendance ; ou bien encore il est déjà marié et ne se résout pas à divorcer. Il arrive que la mère ne se soit pas aperçue qu'elle était enceinte et qu'une interruption volontaire de grossesse ne soit plus possible. Il y a confrontation entre le conscient, rempli de conflits, et l'inconscient qui fait que l'enfant est là. Un travail psychologique consiste, entre autres, à démêler les raisons de cette conception. Peut-être, inconsciemment, la mère met-elle au monde cet enfant pour satisfaire son propre père dont il portera le nom, le bébé n'étant pas reconnu par son géniteur ? Dans d'autres cas, l'enfant est l'outil d'un chantage, la maîtresse espérant que, grâce à cette naissance, le père quitte sa première femme. Ou encore, la maman est en conflit avec l'homme en général et « se retrouve » parent célibataire.

La mere, tout en étant mariée, a un enfant de son amant. C'est un cas très complexe en psychogénéalogie. Tout dépend des relations ultérieures du trio, de la position de l'enfant parmi ses frères et sœurs, de l'accueil de son père légal, de l'attitude du père biologique. S'agit-il d'une rencontre fortuite ou d'une liaison ? Quelles en sont les causes ? Qui a su, qui n'a pas su ?

Le monde change, notre psychisme se transforme. La contraception se généralise. Les conditions d'interruption volontaire de grossesse sont modifiées. De plus en plus d'enfants sont consciemment désirés. Toutefois, des motifs religieux empêchent des mères d'avorter. Les progrès de l'échographie permettent de connaître le sexe de son enfant avant la naissance. Des parents s'habituent donc à l'idée d'avoir une fille et non un fils ou vice versa. Comme tout est à la fois positif et négatif, lumière et ombre, cette connaissance peut aussi amener des conflits psychologiques ou, cas plus rares mais cependant réels, des fausses couches spontanées. Cependant, les parents prennent souvent davantage conscience que cet enfant qui grandit au cœur de la mère est déjà un être distinct doté d'une vie propre.

NAÎTRE

La naissance est un moment fondamental de notre existence. Nous avons tous, dans notre mémoire inconsciente, engrangé les différentes phases de notre enfantement : début du travail, dilatation, expulsion. Comment, physiquement, avons-nous vécu cet événement ? Sommes-nous né(e)s à terme ou prématuré(e)s ou tardivement ? L'accouchement s'est-il bien passé ou a-t-il été difficile ? Y a-t-il eu déclenchement provoqué ? Forceps ? Césarienne ? Présentation par le siège ? Souffrance fœtale ? Risque d'étranglement par le cordon ombilical ? Avons-nous failli mourir ? Au creux de la conscience, la naissance représente la première autonomie, le premier contact avec l'extérieur. Elle marque un balancement entre nos pulsions de vie et nos pulsions de mort, la volonté d'entreprendre et le repli sur soi. Nous a-t-il fallu lutter pour vivre, à notre corps défendant, ou notre naissance a-t-elle été un processus d'éclosion harmonieux ?

La façon dont sa mère a vécu l'accouchement est importante pour l'enfant. Une mère qui témoigne en termes heureux de cet événement à sa fille ou à son fils fait de la naissance un moment privilégié et une expérience positive. À l'inverse, beaucoup de femmes, parce qu'elles ont terriblement souffert, communiquent à leur enfant une image apocalyptique. La fille engrange alors la terreur d'accoucher, le fils développe, plus tard, une angoisse inconsciente face à son sperme susceptible de faire souffrir.

La question de la présence du père est également essentielle. Comment a-t-il vécu la naissance ? Était-il présent ou absent ? A-t-il participé ou non et de quelle manière ? À ce sujet, les mentalités ont profondément changé. Autrefois, le père était généralement exclu lors de l'accouchement.

Autrement dit, plusieurs éléments concernant la naissance sont fondamentaux : la mémoire inconsciente du corps qui imprime ultérieurement des schémas répétitifs par rapport à la vie, à l'action, à la conduite des projets ; le discours de la mère traduisant son vécu et l'accueil du bébé ; la façon dont le père a accompagné cet événement ; et enfin, s'il y a des frères et sœurs, la comparaison entre les différents accouchements.

La naissance, le passage de la vie fœtale, fusionnelle avec la mère, à celle de nourrisson dans un corps indépendant, constitue la séparation initiale. Nous venons au monde, affirmons notre identité, effectuons notre première respiration.

Des passages, il y en aura toute la vie. Nous vivrons des transformations successives, nous mourrons à un état pour renaître à un autre. Nous répétons inconsciemment, au fur et à mesure des différentes naissances symboliques de notre vie, la façon dont nous avons vu le jour.

Une patiente est née très rapidement, en vingt minutes. Pour elle, il faut que tout aille vite. Quoi qu'elle fasse, elle agit dans l'urgence.

La mère d'une autre patiente faisait de l'albumine avant le terme. Le médecin guettait chaque matin le résultat du laboratoire le plus favorable pour déclencher l'accouchement. Ce qui fut fait et la naissance fut également facile et brève. Cette personne rumine les décisions importantes de sa vie pendant une certaine période et tout d'un coup, elle fonce. C'est ainsi qu'après avoir connu un homme pendant trois mois, elle a décidé de l'épouser en vingt-quatre heures. Elle a conçu sa fille aussitôt après l'interruption de contraception. Elle a envisagé l'achat d'une maison pendant deux semaines et a choisi le modèle à construire en une heure.

D'autres patients nés par forceps ont tendance, face à un problème, à attendre le dernier moment pour le résoudre. Ils espèrent une aide extérieure. Parfois, ils sont « magiquement » secourus avant la catastrophe. Ainsi, le propriétaire de l'appartement que loue Aline lui donne congé. Deux jours avant la date fatidique, alors qu'elle n'a toujours rien trouvé, un ami lui propose un logement qui lui convient parfaitement. Le banquier téléphone à Paul pour qu'il couvre dans les meilleurs délais le dépassement de son découvert autorisé. Il reçoit une somme d'argent imprévue le lendemain.

D'autres patients, nés par césarienne, ont beaucoup de mal à prendre des décisions. La vie agit sur eux, plus qu'ils n'agissent sur elle. Ce n'est pas systématiquement le cas, mais c'est fréquent.

Hélène a été considérée comme morte à la naissance. Une infirmière a néanmoins essayé de la ranimer en la plongeant alternativement dans des bains d'eau glacée et d'eau chaude. Cette femme est une artiste. Dans sa vie, alternent des coups de chance extraordinaires et des déveines tout aussi intenses.

Une de mes amies était, elle aussi, « décédée » à la naissance. C'était d'autant plus dramatique que le premier enfant, un fils, était déjà mort dans ces conditions et qu'elle était la deuxième. Là aussi, une infirmière tenta cependant de sauver ce bébé complètement cyanosé. Grâce à une piqûre et à des soins, Christine revint à la vie. Elle passe son temps à essayer de sortir les autres de situations désespérées.

Il est important de savoir, de comprendre, d'assimiler, la façon dont nous avons vécu notre naissance pour analyser nos réactions vis-à-vis de tout nouveau passage et pour éventuellement les transformer.

PRÉNOMS

La première question à se poser quand on s'interroge sur sa psychogénéalogie est celle de l'origine de son et plus généralement de ses prénoms. Comment et pourquoi ont-ils été donnés ? Qui les a choisis ? La mère, le père, un autre membre de la famille, voire le parrain, la marraine, un ou une ami(e) ? Le choix des prénoms est très important parce qu'il est l'expression des projections initiales que font les parents et l'arbre généalogique sur l'enfant.

Ces prénoms existent-ils déjà dans la famille ? une infinité de possibilités se présente.

Souvent en deuxième et troisième prénom se répètent ceux des grands-parents. Si notre grand-mère paternelle s'appelle Émilienne et que nous portons ce prénom, notre père souhaite sans doute retrouver, à travers cette fille que nous sommes, ce qu'il aime chez sa mère. Si nous nous appelons en même temps Angèle, prénom de notre grand-mère maternelle, généralement notre mère désire voir en nous une réplique de ce qu'elle apprécie, elle aussi, chez sa mère. Si Émilienne et Angèle ont des personnalités qui se correspondent, bien que nous aimerions avant tout exister par nous-même, nous nous trouvons face à des projections relativement harmonieuses. Si, par contre, nos grands-mères sont totalement différentes, que l'une est une sainte femme et l'autre une scandaleuse aux yeux de la famille, nous voilà confrontée à des projections contradictoires. Parfois, l'un des parents a voulu faire plaisir à sa mère, mais leur relation est néanmoins conflictuelle. Alors, bien que portant son prénom, il vaudra mieux s'abstenir de trop lui ressembler pour se faire aimer. Dans un autre cas, Papa adore Louise, sa mère, mais Maman déteste sa belle-mère. Ce qui entraîne un exercice psychologique périlleux : pour plaire au père, il faut ressembler à Louise, mais pour séduire la mère, il est nécessaire de ne lui rappeler en rien cette femme exécrée. Ce que nous venons d'exprimer pour une fille est tout aussi valable pour un fils porteur des prénoms de l'un de ses grands-pères ou des deux.

Nos deuxième et troisième prénoms ne sont pas forcément ceux de nos grands-parents. Ils peuvent être ceux de nos arrière-grands-parents. Quelles sont les qualités attribuées à ceux-ci ou celles-ci que nos parents projettent sur nous ? Fréquemment, une part de légende auréole certains aïeuls. Un patient, champion olympique, a un arbre généalogique valorisant la force physique. Il s'appelle comme l'un de ses arrière-grands-pères. Dixit la famille, c'était une force de la nature et il portait des valises de cent kilos... Oui, mais personne ne fait de bagages semblables, par définition intransportables !

Nos prénoms sont souvent ceux d'oncles et tantes. Généralement, nos parents nous les donnent parce qu'ils ont eux-mêmes des relations intenses, conflictuelles ou non, avec leurs frères et sœurs. Ils nous demandent plus ou moins consciemment de nous identifier à ces modèles de référence ou de les venger de la problématique les concernant.

Parfois, nos prénoms sont ceux des stars de la famille. Il n'y a pas forcément des stars dans toutes les familles, mais la star est spécifique de la famille qui lui confère ce statut car elle le fait en fonction de son système de valeurs. Il y a l'enfant mort, l'adolescent(e) ou l'adulte disparu(e) jeune par maladie ou accident, le soldat mort à la guerre. Mais aussi des personnages, hommes ou femmes, les plus divers : la religieuse ou le prêtre, le pasteur, le rabbin. Celui ou celle qui a exercé sa profession comme un sacerdoce, institutrice, professeur, infirmière, médecin. Celui ou celle qui a fait de brillantes études, l'agrégé(e) de philosophie, le polytechnicien, le centralien, l'ingénieur... Celui ou celle doué(e) de talents artistiques, la pianiste, la cantatrice, le peintre, l'acteur, la danseuse, le décorateur... Ou encore, l'élu ou le militant politique, le militaire couvert de médailles, le voyageur qui abreuvait sa famille d'histoires et d'objets provenant de contrées lointaines.

Si Alexandre est le héros, nous nous appelons Alexandra. Si c'est Joséphine l'héroïne, nous voici prénommé Joseph. La transmission des prénoms des stars se fait au-delà du sexe, ce qui complique encore la situation.

Certaines familles catholiques donnent systématiquement à leurs filles, voire à leurs fils, Marie en dernier prénom parce qu'elles mettent cet enfant sous la protection de la Vierge. D'autres ajoutent Joseph ou Jean en l'associant parfois à Marie.

Le premier prénom est évidemment le plus important. S'il est déjà attribué à un membre de la famille, c'est avant tout à celui-ci ou à celle-ci que l'on nous demande de ressembler. Tout ce qui a été dit à propos des deuxième et troisième prénoms reste vrai. On peut également porter le prénom du père ou celui de la mère. Les parents veulent se prolonger en leur enfant. Il y a des familles où tous les aînés sont des fils et s'appellent, par exemple, François. Si à la quatrième génération, une fille naît d'abord, il y a de fortes chances pour qu'on la nomme alors Françoise.

Si, en tant que fille, nous nous appelons Pierrette, Michèle, Micheline, Paulette, Jacqueline, Danièle, Pascale,

Gabrielle, Emmanuelle, Frédérique..., demandons-nous toujours si l'on n'attendait pas Pierre, Michel, Paul, Jacques, Daniel, Pascal, Gabriel, Emmanuel, Frédéric... Ce n'est pas absolument certain, mais c'est généralement le cas.

Si, en tant que fils, nous portons un prénom androgyne qui s'orthographie exactement au masculin comme au féminin, tel que Claude, Camille ou Dominique, par exemple, demandons-nous si l'on n'attendait pas une fille au lieu d'un fils.

Il est possible que notre prénom n'appartienne pas à la famille, qu'il soit complètement original par rapport à l'arbre généalogique. Nos parents recherchent peut-être la nouveauté, l'indépendance, ou ils ont choisi un prénom à la mode. Il est intéressant de savoir ce que ce prénom différent a pu évoquer comme associations à ceux qui l'ont donné. Cela permet de connaître certaines des projections faites sur nous. Il s'agit, par exemple, du prénom d'un ami ou d'une amie très cher(e) de Papa ou Maman. Une patiente porte le prénom de la maîtresse qu'avait eue son père avant de se marier. Les parents de Philippe, fils aîné, ont été abandonnés tous les deux par leur famille et élevés à l'orphelinat. Ils se sont rencontrés au cinéma où l'on projetait un film interprété par Philippe Noiret. On porte ainsi le prénom d'un acteur, d'un écrivain, d'un peintre, celui d'un héros ou d'une héroïne de roman, de film, de pièce de théâtre ou d'opéra, de leader politique ou de personnage appartenant à l'Histoire. Une patiente s'appelle Marianne parce que son père, Bolivien émigré en France, est très attaché à la fois aux idées républicaines et à sa terre d'accueil.

Il arrive qu'en filigrane d'un prénom nouveau apparaissent ceux de l'arbre généalogique. Je m'appelle Chantal. Il n'y a pas de sainte Chantal parce qu'il s'agissait autrefois d'un nom de famille. La sainte patronyme est en fait sainte Jeanne-Françoise-Frémiot-de-Chantal. Il n'y a aucune

Chantal dans les générations précédentes. Cependant, l'une de mes arrière-grands-mères maternelles s'appelle Jeanne, ma grand-mère maternelle s'appelle Jeanne, ma grand-mère paternelle s'appelle Jeanne, le deuxième prénom de ma mère est Jeanne et le second de mon père est François. Sans commentaire !

Considérons les prénoms des enfants de parents de nationalité étrangère résidant en France. Les parents ne vont-ils donner que des prénoms français, exprimant ainsi leur désir d'insertion dans le pays d'immigration et, peut-être, une dévalorisation de leur culture d'origine ? Cherchent-ils un prénom qui puisse se comprendre dans les deux langues ? Transmettent-ils des prénoms de leur arbre généalogique ?

Dans les familles musulmanes, les parents s'attachent avant tout à la signification du prénom. Une de mes amies s'appelle Fatia, c'est-à-dire « joie ». C'est également vrai dans d'autres cultures. La famille projette alors directement sur l'enfant une qualité qu'elle apprécie.

Attention aux diminutifs et aux surnoms. L'adulte n'est plus un enfant. Un diminutif ou un surnom, parce qu'il est mémorisé, qu'il perdure, affecte souvent la perception de notre moi, notre image. À l'inverse, une patiente qui avait déjà deux frères et qui portait du fait d'une situation affective bien précise et dramatique le prénom féminisé de son père, Lucienne, s'est sentie beaucoup plus à l'aise en se faisant appeler Lili. Un ami, éminent thérapeute, a choisi le surnom de Jeff pour ses intimes. Il a bien fait, il porte le même prénom que son frère aîné mort à la naissance et n'a pas d'autre frère ou sœur. Et comme « par hasard », il passe son temps à soigner !

ÊTRE BÉBÉ

Nous avons découvert très récemment que *le bébé est une personne**. Une personne bien particulière.

En premier lieu, le bébé humain est le plus fragile des mammifères. Ne bénéficiant d'aucune protection naturelle, son système nerveux n'ayant pas achevé son développement, il n'a pas d'autonomie. Sans alimentation et sans soins, il périt au bout de quelques jours. Nous portons tous, très profondément enfouie en nous, cette réalité. Si notre mère ou quelqu'un ne s'occupe pas du nourrisson que nous sommes, nous mourrons. Cela engendre de multiples angoisses inconscientes : peur d'être abandonné(e), peur de la soif, de la faim, peur de la chaleur et du froid, peur de la dépendance, de la fragilité, peur de la souffrance, de la mort. Par ailleurs, le bébé éprouve constamment en lui amour et haine. Quand la mère le nourrit, le change, le soigne, le caresse, lui manifeste sa tendresse, lui parle, joue avec lui, il ressent une profonde béatitude. Mais elle ne peut pas toujours satisfaire, constamment et sur-le-champ, ses besoins. Donc, même comblé d'affection, il éprouve parfois l'intolérable, la détresse, la tristesse, la colère, le ressentiment.

Amour, quand on satisfait nos désirs, haine, quand on ne répond pas à notre attente, ces sentiments s'allient en

* Référence au film télévisé de Bernard Martino.

nous dès les premiers jours de notre naissance, telles lumière et ombre de la même pulsion : le besoin. Nous reparlerons, tout au cours de ce livre, de cette ambivalence amour-haine. La voie du véritable amour, désintéressé celui-là, est un long chemin initiatique que seuls quelques-uns entreprennent de parcourir.

En second lieu, le bébé est une personne bien spécifique parce qu'il n'a pas conscience des limites de son corps. C'est, petit à petit, en grandissant et en jouant avec celui-ci, qu'il commence à en appréhender les contours. Le corps du nourrisson est profondément lié, voire confondu avec celui de la mère. De même, il ne sait pas encore se distinguer de son père, des membres de la famille, de l'espace. Il en résulte plusieurs conséquences dont deux me paraissent fondamentales.

La première est que le bébé communique de façon privilégiée d'inconscient à inconscient. Il est doté d'un remarquable radar pour percevoir l'inconscient de sa mère, de son père et l'inconscient généalogique. Même s'il ne parle pas encore, même s'il ne s'exprime qu'avec son corps, il capte, intègre, sait. L'inconscient de l'enfant est une éponge, un réceptacle des inconscients qui l'entourent, et dans son psychisme se gravent, tour à tour, amour passionnel et haine tout aussi intenses.

La deuxième conséquence fait que le bébé puis l'enfant balance entre le désir de fusion, monde idéal, fœtal, harmonieux, et la terreur de cette même fusion due à la dépendance absolue et au manque d'identité qu'elle implique. Comme nous le verrons ultérieurement, cette alternance entre désir de fusion et terreur de celle-ci s'inscrit au cœur de nos relations amoureuses et sexuelles aussi bien qu'affectives.

Les rapports d'un fils et d'une fille à leur mère sont complètement différents. La fusion d'un fils avec la mère est érotisée du fait de la différence et de l'attirance des sexes. Celle d'une fille avec sa mère est tout autre, puisqu'il s'agit du même sexe. Il est davantage question de nidification, de sécurité, de tendresse.

Devenu adulte, le fils cherche inconsciemment, à la fois à échapper à cette fascination et à retrouver ce paradis perdu. Il s'ensuit une ambivalence, des comportements alternés et contradictoires. Pour la fille, il s'agit de ne pas appartenir au corps de la mère, c'est-à-dire de rompre la symbiose. Elle est tiraillée entre deux attitudes pulsionnelles : la recherche de la protection, du cocon, et l'angoisse d'être engloutie, dépersonnalisée. Cela conditionne les comportements amoureux de l'homme et de la femme, si différents. Leurs approches de l'intimité sont à la fois opposées et complémentaires. L'homme, lui, alterne fusion et indépendance, il souhaite de l'espace dans la relation. Il désire, il conquiert, il s'unit et a besoin ensuite de se retrouver pour pouvoir de nouveau rencontrer l'autre.

La femme, elle, cherche une continuité dans le temps, une stabilité qui la rassure. Avec la sexualité, elle demande aussi de l'affection, de la tendresse.

Autrement dit, généralement, l'homme exprime par son attitude « Je te désire, tu me plais, mais vivons l'instant présent, laisse-moi mener ma vie, ne m'étouffe pas ». Souvent la femme lui répond par ces paroles : « Je t'aime, je t'admire, j'ai envie de vivre avec toi, promets-moi que tu m'aimeras toujours. »

ÉTIQUETTES

Quand nous naissons, notre famille voit en premier lieu notre corps. J'ai connu un cas où le père, souhaitant quitter la mère, est cependant venu à la maternité voir sa fille. Il s'est écrié : « Dieu, qu'elle est laide ! » et a disparu sans laisser de traces. Inutile de dire combien cette femme, pourtant fort belle, a eu du mal à accepter et à aimer son physique. En général, les scenarii sont heureusement moins dramatiques. « Qu'il est mignon », « Qu'elle est jolie » et, selon les cas, « C'est tout le portrait de son père », « de sa mère », « de son grand-père », « de sa grand-mère », « de son oncle », « de sa tante ». La famille fait sien le bébé puis l'enfant et l'adolescent par les ressemblances physiques, plus ou moins projetées, fantasmées. Habituellement, le corps de l'enfant est morcelé. Il ou elle a, par exemple, les yeux de sa mère, les cheveux de son père, le teint de sa grand-mère maternelle, la bouche de sa grand-mère paternelle, les jambes de son oncle, les mains de sa tante. Bref, le corps de l'enfant est un corps psychogénéalogique.

L'une des situations les plus délicates est bien sûr d'être fille alors que l'on attendait un garçon, cas le plus fréquent, ou d'être fils alors que l'on attendait une fille. La fille attendue comme un fils a souvent tendance à jouer le garçon manqué. Tout est cas spécifique, ne l'oublions pas, mais c'est la réponse la plus courante à ce problème. Cette fille développe beaucoup plus intensément son « homme intérieur » que sa « femme intérieure ». Elle vit cette polarité masculine en fonction de ce que ses parents et son arbre généalogique définissent comme image de virilité. Que projettent sur cette enfant sa mère, qui a peut-être elle-même un « homme intérieur » développé, son père, éventuellement ses grands-parents ? Comment agissent les parents en fonction de leur propre histoire familiale ? Généralement, cette fille est très encouragée à développer son intellect ou plutôt à passer des diplômes car l'on attend d'elle qu'elle exerce une profession lui permettant de prendre sa place dans la société au même titre qu'un fils. Il y avait autrefois des familles où seuls les garçons avaient le droit de faire des études. Parfois, cette fille privilégie le sport sur un mode masculin, fondé sur le développement de la force. Fréquemment, elle ne porte que des vêtements androgynes, détestant jupes et robes.

À l'inverse, un fils attendu comme fille reçoit de sa famille et souvent de sa mère une éducation développant sa « femme intérieure ». Là encore, il faut savoir comment l'arbre généalogique conçoit la féminité. Certains patients sont angoissés par cet héritage psychologique parce qu'ils ont des difficultés à identifier et à affirmer leur virilité. Beaucoup d'hommes confondent homosexualité et « féminité intérieure » développée. Or, de grands artistes, pas forcément homosexuels, créent à partir de cette polarité. De nombreuses professions, même scientifiques, nécessitent une forte intuition, partie féminine de l'intellect.

Les difficultés de ces filles et de ces fils prennent plus d'ampleur à l'adolescence, lorsque la sexualité commence à s'épanouir. Nombre de patientes attendues comme fils n'ont jamais entendu de la part de leur père ou des hommes de la famille une quelconque parole concernant leur physique de jeune fille. Beaucoup de patients attendus comme fille n'ont jamais reçu de leur famille d'encouragements à s'exprimer, à s'affirmer, à se manifester, à oser entreprendre. Le travail psychologique consiste à aider au développement de la potentialité refoulée et à harmoniser à l'intérieur de soi masculinité et féminité.

Affectivement, intellectuellement, tout enfant est comparé à sa famille. Les comparaisons positives sont bien évidemment plus faciles à assumer que les autres. Il n'en reste pas moins vrai qu'elles ne reflètent peut-être pas la personnalité réelle de l'enfant puis de l'adolescent(e) et que ces projections sont alors un carcan auquel il est nécessaire de s'identifier pour être aimé(e). Il n'est pas sûr que nous souhaitions ressembler à notre grand-mère paternelle qui, selon notre père, était la gentillesse, la générosité, l'abnégation de soi incarnées. Nous n'avons pas forcément envie de vivre comme notre tante, originale, indépendante, célibataire, qui, aux yeux de notre mère, a eu une existence de rêve parce qu'elle a enseigné dans le monde entier et qu'elle n'avait pas à rendre de comptes à un mari, et pour cause. Il n'est pas certain que nous voulions être comme notre grand-père maternel, travailleur acharné, économe, ponctuel, dont la seule distraction consistait à jouer de la musique. Et pourtant, selon nos parents, nous lui ressemblons tellement par notre gentillesse, notre générosité, notre serviabilité ! C'est évident, nous sommes originale, indépendante, douée pour les langues. Nous n'avons pas forcément envie d'être célibataire. Et les voyages ne sont peut-être pas notre activité préférée. Pas plus que l'enseignement ne nous fait rêver. C'est clair, nous sommes travailleur, sérieux, ponctuel, mais en fait, nous aimerions bien, de temps en temps, faire des bêtises ! Les cours de violon, c'est bien, mais cela nous plaît-il vraiment ?

Trop souvent, hélas, les comparaisons sont négatives.

Elles sont dramatiques pour l'enfant mais les parents ne s'en rendent pas compte. En fait, ils ont peur de l'échec pour leur rejeton, ils se font du souci, ils s'angoissent. Eux-mêmes sont fréquemment en dysharmonie avec leur famille et ils n'ont qu'une crainte, c'est que leur enfant ressemble aux bannis de leur arbre généalogique. Plus ou moins inlassablement, les parents répètent : « Tu vas devenir aussi grosse que ta grand-mère », « Tiens-toi droite, sinon tu seras bossue comme ta tante », « Tu es un mollasson comme l'oncle Jean », « Si tu continues, tu finiras dans le ruisseau comme ton parrain », « On te retrouvera sur le trottoir » (en général, on ne mentionne pas de quel membre de la famille il s'agit parce que c'est un secret honteux), « Tu finiras par mettre enceinte une fille comme l'a fait ton grand-père », « Tu es méchante comme ma belle-mère », « Tu ressembles à ton raté de cousin Pierre », « Tu es fainéant comme ton grand-père », « Tu es avare comme mon beau-père », etc.

Les messages négatifs concernant l'enfant lui-même détruisent encore davantage que les comparaisons généalogiques. En tant que thérapeute, je suis stupéfaite de découvrir à quel point des parents, croyant bien faire, assassinent leurs enfants avec des phrases qui tuent. « Tu n'es ni manuel (le), ni intellectuel(le) », « Tu abîmes tout », « On ne peut vraiment rien te confier », « Tu n'arriveras jamais à rien », « Personne ne voudra de toi, tu es incasable », « Tu ne rendras jamais un homme heureux », « Tu iras d'échec en échec », « Si on avait su, on ne t'aurait pas eu(e) », « Les enfants, quelle déception ! », « Tu verras plus tard, je te souhaite une fille comme toi », « On se demande vraiment de qui tu tiens pour être comme ça », « C'est bien trop compliqué pour toi », « Tu es un vrai panier percé », « Il y en a qui sont élégantes avec des robes de Prisunic, toi, même en t'habillant chez Dior, tu aurais l'air d'une souillon ». « C'est quand même terrible que ce soit ta sœur qui soit morte, elle qui avait tant de qualités. » Pourquoi, mais pourquoi, ces parents disent-ils cela à leurs enfants ? Parce qu'ils ne s'aiment pas eux-mêmes. Ils sont victimes de leur propre histoire familiale. Ils se dévalorisent physiquement, sexuellement, affectivement, intellectuellement. Cet enfant vient d'eux, a été créé par eux. Ils projettent donc sur leur fils ou leur fille toutes les dévalorisations dont ils souffrent. En fait, ils se considèrent inconsciemment comme monstrueux, n'ayant donc pu engendrer que des monstres. Pour se libérer de tout cela, ces fils et ces filles devenus adultes devront apprendre à se connaître vraiment avec l'aide d'un thérapeute qui leur renvoie en miroir leur véritable identité. Ils ont besoin de trouver, par un travail psychologique individuel et davantage encore par une thérapie de groupe, l'acceptation, la reconnaissance, l'amour dont ils ont manqué.

En fait, l'enfant n'a que faire de la valse des projections familiales. Il veut être regardé, écouté, connu pour ce qu'il est. Certes, né d'une famille, il est cependant un individu unique à la recherche de sa place spécifique. Il n'a pas envie d'être aimé parce qu'il est l'enfant de ses parents. Il a envie d'être aimé parce qu'il est lui-même. Autrement dit, sous forme de boutade, tout enfant désire être choisi comme si ses parents l'avaient acheté dans un grand magasin. Il a besoin qu'on l'apprécie tel qu'il est non seulement physiquement, mais avec toutes les caractéristiques de sa personnalité, qu'elles soient sexuelles, affectives ou intellectuelles. L'éducation idéale consisterait à découvrir son enfant sans référence, le considérant comme une personnalité à part entière et à l'aider à se développer selon ses aptitudes réelles, ses goûts réels, ses désirs réels. Un enfant nous est confié pour l'aider à devenir l'adulte qu'il est en potentiel. Il lui est indispensable d'être encouragé, félicité. Cela lui permet la confiance en soi et la confiance en la vie, faisant de lui un être serein, heureux et épanoui.

2.

IDENTIFICATIONS

LES PROCESSUS D'IDENTIFICATION

Pour nous, lorsque nous sommes bébé, puis petit enfant, nos parents et notre famille sont la vie, le monde, la seule réalité que nous connaissons. Ne serait-ce que par la taille, nos parents sont des géants. Psychologiquement, ce sont des dieux. Grandir, c'est devenir comme eux. Nous allons mimer ce que fait notre mère, ce que fait notre père. Nous allons également nous identifier à d'autres membres de la famille, ainsi qu'à des amis proches de ceux-ci.

En devenant semblable à eux, en se comportant de façon similaire, l'enfant cherche inconsciemment à être reconnu par le cercle familial. En se modelant ainsi, il apprend à vivre et veut se faire aimer. Il désire par dessus-tout l'amour de sa mère, de son père, il a tellement besoin d'eux. Tout seul, il n'est rien. Il est impératif qu'il satisfasse son entourage. Quand notre mère est contente, elle nous sourit, nous parle, nous caresse et nous embrasse. De même, quand notre père est heureux, il nous manifeste son bonheur de multiples façons. L'enfant que nous sommes est ravi. Autrefois, l'on croyait que la mélancolie profonde était une psychose héréditaire. Le bébé dont la mère était profondément déstructurée, d'une tristesse infinie, murée dans son silence, s'identifiait à elle. Il ne savait ni sourire, ni gazouiller, ni manifester la vie. Élevé par une autre femme, cet enfant aurait appris tout cela à travers elle. Il n'y a pas de programmation génétique biologique à cette mélancolie profonde, mais une identification psychogénéalogique à la mère.

Les processus d'identification sont nécessaires. C'est comme cela que nous apprenons à être humain. Ils se construisent sur cinq plans.

Tout d'abord, l'enfant absorbe inconsciemment la projection de ses parents à son égard. Ainsi, le bébé « sait » s'il est désiré ou rejeté, si son sexe est accepté ou non, etc.

Peu à peu, l'enfant intègre ce qu'il perçoit comme attentes, souhaits, désirs le concernant. Par exemple, il faut se tenir tranquille et ne pas déranger, être propre, affectueux, bien travailler à l'école, développer certaines qualités, être sportif, être artiste, etc.

Parallèlement, l'enfant s'approprie les étiquettes que lui confère son entourage. Pour lui, c'est la vérité. C'est comme cela qu'il bâtit l'image de lui-même. Ainsi, il croit qu'il est sage ou insupportable, intelligent ou bête, habile ou maladroit, beau ou laid, gentil ou méchant, etc.

De même, l'enfant s'identifie consciemment et inconsciemment, par mimétisme et par « désir » psychogénéalogique de ses parents, à certains personnages de la famille. Ces identifications sont à double sens. Dans le cas le plus simple, il faut absolument ressembler à certains personnages et surtout pas à d'autres. Quand les parents sont en conflit, ces obligations sont contradictoires. Par exemple, pour être aimé de Maman, il faudra ressembler à son père, le patriarche qu'elle vénère et à son frère, le héros mort à la guerre, et surtout pas à son mari, ce bon à rien, ni à sa mère avec qui elle n'a jamais eu de bonnes relations. Pour être aimé de notre père, il faudra également ressembler à sa belle-mère, notre grand-mère maternelle, avec qui il s'est toujours bien entendu, à sa sœur qu'il a tant aimée, à son père, un homme calme, réservé, discret, et surtout pas à notre mère, cette mégère, ni au frère de celle-ci, le héros décédé, qui était, malgré la légende, quasiment délinquant avant la guerre. Le catalogue des identifications psychogénéalogiques constitue souvent un labyrinthe.

Enfin, l'enfant assimile consciemment et inconsciemment les scenarii familiaux comme une seule et unique réalité. Pour lui, l'amour entre un homme et une femme, le choix et l'exercice d'un métier, la vie au quotidien, être mère, être père, ce n'est pas autre chose que ce qu'il connaît dans sa famille.

Les « bonnes » identifications nous rendent heureux. Il est bien sûr plus facile d'être un enfant désiré et accepté en tant que fils ou fille. Quand notre famille nous donne des images positives de nous-même, nous avons confiance en nous, nous osons vivre, aimer, entreprendre. Si c'est en harmonie avec notre vrai moi, reproduire des aspects de la personnalité de certains membres de la famille ou adopter quelques comportements identiques aux leurs, constitue un ancrage à des modèles constructifs. De même, la croyance en certains scenarii positifs peut nous permettre de mener une vie affective, professionnelle, parentale, en accord avec ce que nous souhaitons et ce que nous sommes.

Hélène, quarante ans, épanouie, est heureuse avec son mari et élève avec joie ses trois enfants tout en travaillant à mi-temps. Sa propre mère, qui a eu elle-même trois enfants, lui a donné une image positive de la féminité, de la maternité, du couple. Ce qui ne veut pas dire qu'il n'y ait jamais de difficultés, ni de problèmes. Mais Hélène les résout en dialoguant avec son mari ou ses enfants, pensant qu'on trouve toujours une solution pour vivre en harmonie.

Pierre est médecin. Son père Michel l'est aussi. Dès son plus jeune âge, le petit garçon a vécu dans l'ambiance des consultations, des visites, des urgences de la nuit. Michel aimant beaucoup son métier, son fils aimant beaucoup son père, Pierre s'est identifié tout naturellement à cette profession. Pour lui, être médecin, c'est le plus beau métier du monde. Plus tard, il a accompagné son père à la clinique, à la maternité et c'est à son tour qu'il soigne ses patients avec attention et dévouement.

Les « mauvaises » identifications génèrent des tensions intérieures. Nous voulons être aimé à n'importe quel prix, parfois en nous trahissant nous-même. Nous sommes en désaccord avec ce que notre famille projette sur nous et ce qu'elle nous demande d'être. Les étiquettes dont elle nous affuble sont des oripeaux qui nous empêchent de nous aimer et de vivre. Parfois, nos qualités les plus essentielles, physiques, affectives, intellectuelles, artistiques, certains de nos dons, sont mis sous silence, voire niés. Nous n'avons pas envie de reproduire notre mère ou notre père, ou l'un de nos grands-parents, ou notre tante ou notre oncle. À l'inverse, certains personnages rejetés nous semblent tout à fait dignes d'amour et d'intérêt. Nous ne souhaitons pas détester les uns pour aimer les autres. Nous ne désirons pas rejouer le même scénario familial sur le plan affectif, professionnel ou parental. Mais nous le faisons quand même. Et cela provoque en nous des conflits, des frustrations, des révoltes.

Édouard est le troisième fils d'une famille de trois enfants. Ses parents sont désespérés de ne pas avoir, cette fois-ci, une fille. Édouard se sent inconsciemment coupable. Il prie ardemment pour devenir la fille tant attendue... Hélas, sans résultat. Édouard me consulte parce qu'il souffre d'éjaculation précoce. Peu à peu, il découvre qu'il s'interdit le plaisir parce qu'il n'a pas le droit d'avoir un corps d'homme. De même, il est anxieux, angoissé, a toujours peur de ne pas réussir, de ne pas être à la hauteur. Il a trois enfants, deux filles et un fils. Il craignait d'avoir un garçon et aurait souhaité une troisième fille. Il nous faut guérir ensemble cette identification psychogénéalogique.

Les parents de Maud forment un couple infernal. Pendant toute son enfance, elle a été témoin de scènes dignes de la pièce *Qui a peur de Virginia Woolf?**. C'étaient sans cesse des cris, des disputes. Quand cela atteignait le paroxysme, la mère cassait la vaisselle. Ils en venaient parfois aux mains. Ce couple sadomasochiste ne s'est pourtant jamais séparé. À la mort de son mari, la mère devint une veuve exemplaire et inconsolable, visitant la tombe de son défunt mari chaque jour. Elle ne cessait de parler du bonheur merveilleux vécu avec lui. Quand elle vient me consulter, Maud est au bord de la dépression. Mariée depuis un an, elle est aux petits soins pour son mari. « Surtout ne pas être une garce comme ma mère. » Et pourtant, son mariage tourne à la catastrophe. Son mari n'est pas le fiancé qu'elle a connu. De nombreuses divergences se font jour entre eux : goûts différents, habitudes opposées, projets inconciliables. Éclatent soudain des disputes. Maud a déjà cassé toute la vaisselle de la liste de mariage. Deux fois, ils se sont battus. Elle est terrorisée à l'idée de ressembler à sa mère. Après quelques séances, elle s'est aperçue qu'elle s'était trompée sur le choix de son compagnon. Elle a décidé de divorcer et de ne pas reproduire le pugilat interminable de ses parents. Elle a ensuite approfondi son travail psychologique pour reconstituer son image de femme et avoir la liberté d'être elle-même. Elle voulait surtout faire l'inverse de sa mère, même si elle reproduisait, frustrée, les semblables accès de violence. Pour elle, son père était une victime, un saint homme, et sa mère un bourreau. Inconsciemment, elle s'était mariée avec un bourreau qui la rendait victime. Autrement dit, pour ne pas être sadique comme sa mère, elle était devenue masochiste comme son père. Dénouer l'écheveau du couple parental, pour qu'elle puisse rencontrer un autre homme sans obéir à cette programmation, constituait la première urgence.

---

* Pièce d'Edward Albee.

Jean traverse une crise grave car ses affaires périclitent, sans pouvoir l'imputer à la crise économique ; il est conscient d'avoir fait plusieurs erreurs : mauvaise gestion, choix non judicieux de collaborateurs et enfin association avec un ami de promotion qui s'avère être malhonnête. Il a quarante-deux ans, l'âge où son père, Charles, s'est associé lui aussi, pour développer son usine qui connaissait également des difficultés. Charles faisait confiance à ses associés, deux amis d'enfance. Le triumvirat s'avéra un échec. Au bout de quelques années, Charles fut obligé de déposer le bilan, sauvant non sans mal quelques biens et contraint de se battre contre ses anciens amis qui avaient fait des malversations. Jean revit la même situation que son père. Par son travail psychogénéalogique, il a pu se désidentifier et redresser la barre de justesse.

Évelyne, vingt-quatre ans, secrétaire, me consulte parce qu'elle se sent mal dans sa peau. Elle est heureuse au bureau, mais sa vie est vide. Elle n'a pas d'amis(e)s. Elle passe ses soirées et week-ends enfermée chez elle. Sa seule distraction est la lecture. Elle ne va pas au cinéma, ni au théâtre, n'a pas de télévision. Elle parle doucement, on l'entend à peine, elle mange ses mots. Évelyne a quitté la province pour travailler à Paris. Elle a été élevée par sa grand-mère maternelle, ses parents tenant un commerce d'alimentation et ayant très peu de temps libre. Évelyne prend conscience qu'elle mime l'aïeule qui l'a éduquée et ses parents qui n'avaient pas de vie en dehors du travail. Sa grand-mère s'occupait tout le temps de sa maison, ne possédait pas non plus de télévision, ne sortait pas, ne recevait pas, sa seule détente : la lecture du journal.

Sans prise de conscience, sans travail sur soi, nous sommes condamnés à reproduire ultérieurement nos identifications d'enfant. Parfois à notre insu. Certains ont choisi de faire tout le contraire de leur famille. Malheureusement, vivre le contre-scénario, c'est encore vivre en fonction du scénario. Prendre le contre-pied, ce n'est pas accéder à la liberté d'être soi-même, c'est agir à l'inverse en étant constamment dans la comparaison.

L'aventure d'une vie humaine, c'est avant tout l'aventure de la conscience. Plus nous devenons conscients, plus nous devenons libres. Plus nous choisissons notre vie au lieu d'obéir à nos programmations, plus nous épanouissons notre être unique, indépendant, autonome. Plus nous sommes épanouis, plus nous épanouissons les autres.

LES IDENTIFICATIONS À LA MÈRE

Pour le fœtus, puis pour le nourrisson, l'identification à la mère est d'abord viscérale. C'est elle qui donne chair, qui donne corps. C'est elle qui nourrit, change, baigne l'enfant, même si son conjoint participe. Elle apprend peu à peu à son bébé à percevoir son corps comme distinct d'elle. C'est elle qui guide le sevrage, l'évolution de la nourriture, les premiers pas, l'acquisition de la propreté. C'est elle encore qui veille sur le sommeil, sur la découverte de l'espace intérieur que représente la maison, sur les socialisations initiales : liens avec les éventuels frères et sœurs, cousins, cousines, enfants d'amis, relations avec le personnel de la crèche, la nourrice, la baby-sitter, premières promenades, découverte de l'environnement.

L'enfant intègre, bien au-delà de la communication verbale, l'inconscient de sa mère le concernant. Il « sait » de la façon la plus archaïque s'il est attendu avec joie ou non, si son sexe est conforme au désir de celle-ci, s'il est pour elle un bon ou un mauvais « objet ». Pour un enfant, l'identification à la mère construit sa première image narcissique. Le bébé s'aime de la façon dont l'aime sa mère. Beaucoup de personnes pensent plus ou moins consciemment qu'elles ne peuvent pas être aimées pour elles-mêmes, telles qu'elles sont, sans rien faire. Elles se donnent un mal fou pour conquérir l'autre. Souvent, une non-acceptation de la part de la mère en est la cause.

Au fil des semaines, la relation mère-enfant se développe. Dans les premiers mois de notre vie, nous sommes en étroite fusion avec notre mère. Cela constitue pour nous le début de l'expérience de la relation à l'autre. Que nous soyons fils ou fille, cette identification structure, une fois adulte, le vécu de nos rapports amoureux. Quand nous « aimons » l'autre, au sens passionnel du terme, nous recherchons inconsciemment à revivre cette fusion. « L'amour » reproduit vingt, trente, quarante ans après, la relation archaïque à la mère.

Nombre d'hommes qui ont été profondément rejetés par leur mère, voire abandonnés, « s'arrangent », inconsciemment bien sûr, pour rejouer la même histoire avec la personne qu'ils « aiment ». Soit ils tombent amoureux de femmes inaccessibles qui les refusent, soit ils font souffrir et détruisent celles qui les aiment vraiment.

Certains maris projettent sur leur épouse une image maternelle qui a été, dans l'enfance, alternativement satisfaisante et frustrante. Fréquemment, ces hommes ont parallèlement des liaisons successives avec des maîtresses dont ils sont tour à tour fous amoureux mais ils s'interdisent de rompre leur mariage. Ils admirent leur femme, bien que les sentiments et souvent le désir sexuel soient éteints. Ils ne les quittent jamais.

Beaucoup de femmes qui n'ont pas été aimées par leur mère se dévalorisent vis-à-vis de l'homme qu'elles aiment. Elles le placent sur un piédestal, l'idéalisent. Certaines sont amoureuses pendant des années d'un homme qui ne les regarde pas, ou du mari d'une autre qui promet éternellement de divorcer dès qu'il pourra, ou d'un homme égoïste et cruel.

En grandissant, l'enfant s'identifie aux paroles de la mère et fait sien son discours, qu'il soit positif ou négatif.

Plus tard, il devient capable de percevoir sa mère non plus uniquement en tant que telle mais aussi en tant que femme. Il s'identifie, par similitudes ou par oppositions, aux caractéristiques corporelles, affectives, intellectuelles, sexuelles de celle-ci. Ensuite, il assimile le vécu de sa mère par rapport à la maternité mais aussi par rapport à l'homme et aux hommes, aux autres femmes, à la société.

La mère, comme tout être humain, est un univers en soi. Mais, tant que l'enfant est petit, c'est elle ou la personne l'élevant qui constitue le monde tout entier.

L'enfant connaît cette femme de manière très subjective, en fonction de sa maternité et de la relation qu'elle a avec lui. Chaque mère, bien sûr, est unique, de même que chaque relation mère-enfant. Il est intéressant de constater que les frères et sœurs d'une même famille n'ont pas la même mère psychogénéalogique. En effet, selon les conditions de notre conception et de notre naissance, notre rang dans la fratrie, notre sexe, notre personnalité, nous avons un lien différent avec elle.

Parce qu'elle est notre mère, parce que nous sommes son enfant, la relation n'est jamais neutre. Même si elle est morte. Même si elle nous a abandonné(e). Rien n'est jamais anodin. Nous lui demandons l'impossible : répondre parfaitement à nos besoins, être une mère divine, omnipotente, omnisciente. Elle nous demande également l'impossible : répondre parfaitement à son attente, être un enfant divin, omnipotent, omniscient.

Nous allons explorer ensemble ce labyrinthe charnel, pulsionnel, affectif. Pour nous comprendre, pour percevoir nos identifications à notre mère, il nous faut partir à sa découverte d'une part en tant que mère et d'autre part en tant que femme.

La psychogénéalogie, c'est cela : prendre conscience de la trame psychologique qui s'est construite au fil des générations. Très souvent, notre mère ne nous a pas vraiment vu(e), regardé(e), accepté(e). Elle nous a considéré(e) en fonction de sa propre histoire familiale. Toute mère a d'abord été une enfant. Elle-même a fait l'objet de projections, s'est identifiée à sa famille selon les processus que nous venons d'expliquer et reproduit ce qu'elle a connu.

Bien sûr, petit enfant, d'une certaine façon, nous subissons. Nous ne comprenons pas que, si nous avons des difficultés avec notre mère et elle avec nous, cela provient de sa propre histoire familiale. Une fois adulte, si nous voulons vraiment devenir nous-même, nous désidentifier de notre programmation psychogénéalogique, notre « travail » consiste à devenir conscient de ce qui s'est joué. Ce qui nous a fait souffrir dans notre enfance et souvent jusqu'à maintenant n'a, dans la plupart des cas, rien à voir avec nous.

DES EXEMPLES DE MÈRES

Il nous est bien sûr impossible d'être exhaustif. Chaque être humain a une psychogénéalogie unique, particulière, spécifique. Essayons toutefois d'étudier ensemble certains types de mères.

Partons à la découverte, par exemple, de la mère qui aime être mère. Elle vit sa maternité paisiblement, joyeusement, comme un épanouissement d'elle-même. Elle soigne son enfant avec tendresse et affection, s'amuse avec lui, le fait participer, l'éduque avec patience et compréhension. Cette mère n'a pas de problème avec le corps de son enfant, avec sa présence. Tout cela est extrêmement positif pour celui-ci, lui donne confiance en lui-même, en l'autre, en la vie.

Cela ne veut pas dire pour autant que la mère soit parfaite, mais elle est tout simplement heureuse d'être mère. Elle peut, par exemple, se mettre souvent en colère ou avoir d'autres défauts, mais le courant passe. L'enfant sait, ressent qu'il est aimé. Ce qui ne veut pas dire non plus qu'il est autorisé à faire tout et n'importe quoi, n'importe quand, n'importe comment. Des limites sont données, expliquées et tenues.

Il y a de grandes chances pour que cette mère ait bénéficié au cours de son enfance et de son adolescence d'une image positive de la maternité. Sans doute sa propre mère aimait déjà élever ses enfants. À l'inverse, dans certains cas, cette mère fait tout le contraire de ce qu'elle a connu et cherche à donner à son enfant ce qui lui a cruellement manqué.

Avoir une mère qui aime être mère représente une grande chance pour un enfant, fils ou fille. Cependant, il existe parfois quelques écueils. Il arrive que ce type de mère aime davantage les petits que les grands. Elle préfère dorloter, câliner, protéger. Elle aime que ses enfants aient besoin d'elle, soient dépendants. Elle leur fait courir un risque : celui de les empêcher de grandir psychologiquement ou même physiquement. Ainsi, la fille d'une telle mère peut être réglée tard, vers l'âge de seize ans. Plus ou moins consciemment, pour garder l'amour de celle-ci, il faut rester une enfant impubère.

À l'inverse, certaines préfèrent les grands. Elles privilégient alors la communication verbale. Par exemple, la mère devient une amie qui établit des rapports de complicité. Fille et mère, fils et mère, se disent beaucoup de choses, se racontent leurs expériences, partagent leurs émotions. Ce lien intense constitue parfois une charge très lourde à porter pour l'enfant, invité à partager trop tôt des éléments de la vie adulte qui ne le concernent pas encore. Ce peut être aussi étouffant. L'enfant est amené à raconter l'ensemble des facettes de son monde sans rien garder de son jardin secret. Il confie à sa mère tous les éléments de sa vie, sans exception. Adulte, il recherche inlassablement, à travers ses amitiés et ses amours, cette profonde fusion impossible à réaliser avec un autre être qu'elle. Ou il forme un couple à trois, Maman, sa femme et lui. Ou encore, il devient solitaire, par besoin de se protéger.

D'autres mères développent avec leur enfant une riche communication intellectuelle. Elles lui donnent des ouvertures concernant la culture et les arts : livres, films, pièces de théâtre, musique, danse, peinture, etc., ce qui enrichit sa vie, mais parfois au détriment de ses goûts personnels. Quelquefois, la relation entre mère et enfant est avant tout mentale, sans expression affective, au risque de confondre ultérieurement connaissance culturelle et amour.

Passons à un autre type de mère, la mère angoissée.

Notre mère projette, par exemple, son angoisse sur notre corps. Elle craint que nous ne soyons malade. Elle vérifie constamment notre température. Elle contrôle notre alimentation, nous gorge de vitamines, de fortifiants. Elle redoute les variations climatiques : « Attention, tu vas prendre froid », « Attention, tu vas avoir une insolation ». Elle nous emmène systématiquement chez le médecin, chez le dentiste, chez divers spécialistes. Tout cela n'est bien sûr pas forcément négatif, mais ce qui caractérise la mère angoissée, c'est qu'elle en fait trop. Elle vit dans l'obsession d'éviter tout ce qui pourrait altérer notre santé et porter atteinte à notre vie : « Tu vas tomber », « Tu vas te blesser », « Ne monte pas cet escalier », « Ne descends pas cette ruelle », « Ne fais pas de patins à roulettes », « Ne prends pas ta bicyclette ». Bref, elle limite nos mouvements et nous nous modelons à sa demande. Peu à peu, nous aussi avons peur de tout. Nous développons des comportements obsessionnels, nous nous ménageons à outrance, nous redoutons les chutes, les blessures, les microbes, les virus. Nous apprenons à ne pas oser, ne pas jouer, ne pas expérimenter, ne pas faire. Il ne s'agit plus de prudence, complètement normale et souhaitable, mais d'angoisse, de terreur.

Un médecin a conseillé à une patiente de faire un travail psychologique car elle avait amené son petit garçon plusieurs fois à l'hôpital par inquiétude, sans aucune cause médicale réelle. Cette jeune femme, en quelques séances, s'est aperçue qu'elle voulait trop bien faire depuis la naissance de son fils pourtant désiré par elle et son mari. Elle en était venue à s'interdire toute activité personnelle en dehors de son travail professionnel et de ses responsabilités de mère et de maîtresse de maison. Bien que secondée efficacement par son conjoint, depuis la naissance du bébé, elle n'avait pas repris les cours de danse et d'aquarelle qui lui plaisaient beaucoup et qu'elle suivait précédemment avec assiduité. Cette patiente s'interdisait de vivre pour elle-même depuis qu'elle était mère. Cela entraînait d'ailleurs des problèmes dans sa vie de couple, tant sur le plan affectif que sexuel. Elle a compris rapidement qu'elle vivait à son insu une terrible problématique issue de sa psychogénéalogie : « Ou j'ai un enfant et je me sacrifie donc je n'existe plus, ou je m'autorise à vivre mais cela n'est pas possible avec un enfant. » Cette jeune femme a découvert avec un grand courage qu'inconsciemment elle voulait tuer son enfant alors qu'elle l'aimait. C'est pourquoi elle avait tellement peur qu'il tombe gravement malade. Elle a guéri son angoisse en se libérant de la programmation du scénario familial et a recommencé à vivre tout en étant mère.

Je sais combien cela peut être difficile à comprendre et à accepter, mais l'on a généralement peur consciemment dans la vie de ce que l'on souhaite inconsciemment — mis à part les cas de phobie, fort complexes — cela pour des motifs qui nous échappent et dont nous ne sommes pas responsables au sens moral du terme. La psychothérapie, c'est tout sauf un tribunal. Nous sommes là pour comprendre. Toute mère trop angoissée à propos du corps de son enfant est une mère mortifère. Elle n'a pas l'intention, bien sûr, de le tuer réellement. Elle n'arrive pas, pour des raisons qu'il nous appartient justement d'élucider, à vivre harmonieusement avec lui. Que s'est-il passé dans son arbre généalogique pour que la maternité ne soit pas compatible avec le bonheur ?

Notre mère peut être angoissée pour bien d'autres raisons que notre santé. La problématique psychologique est alors tout à fait différente de celle que nous venons de décrire. Par exemple, elle se fait beaucoup de soucis pour notre scolarité. Essayons d'analyser l'origine de son inquiétude. Elle-même n'a pas pu faire les études dont elle rêvait parce que sa famille était trop pauvre, ou qu'elle était une fille et qu'« une fille ça doit se marier, c'est tout ». Elle a interrompu sa formation lors de son mariage ou de sa première maternité et le regrette amèrement. Elle a raté ses examens et en souffre beaucoup. Elle est réduite professionnellement à une position subalterne ou vit mal d'être dépendante financièrement de son conjoint. Ou à l'inverse, elle a une situation qui l'intéresse beaucoup et ne vit que pour son travail.

Notre mère assimile études et promotion sociale, intelligence et réussite scolaire, vie et culture. Pour mériter son amour, il nous faut beaucoup travailler. Si nous aimons l'école, c'est plus facile à vivre. Nous courons toutefois le danger d'associer enseignement et contrainte, d'étudier pour étudier plutôt que d'apprendre à le faire efficacement, avec méthode, de confondre tête bien pleine avec tête bien faite. Nous devons constamment rassurer notre mère sur notre capacité intellectuelle, estimée selon nos résultats scolaires. Nous risquons fort d'être très angoissé(e) par les interrogations, les contrôles et a fortiori les examens. Si nous sommes premier(e), nous valons quelque chose, sinon... Une patiente me confiait que, vingt-cinq ans après, elle rêvait encore qu'elle passait son baccalauréat et qu'elle avait peur d'échouer. Elle était la meilleure élève et la plus jeune de sa classe, sa réussite ne faisait aucun doute pour ses professeurs. Toutefois, elle était terrifiée par cet examen. Elle a pris conscience que si elle l'avait raté, elle aurait certainement fait une tentative de suicide pour ne pas avoir à affronter ses parents.

Certains enfants et adolescents manquent leurs études pour marquer leur opposition ou, fait plus grave, par inhibition. Des névroses d'échec sont souvent conséquence d'une identification à une mère intellectuellement angoissée. Nous acquérons la conviction que l'école se confond avec la vie et que les études sont fondamentales pour exister socialement. Certes, les diplômes jouent un rôle important, mais ils ne sont pas les seuls à assurer une place « au soleil ». Une mère de ce type n'est pas à l'écoute des potentialités de son enfant. S'il a des dons artistiques, manuels ou sportifs, ceux-ci sont étouffés au profit du travail scolaire. Certains essuient difficulté après difficulté parce qu'ils ne sont pas orientés en fonction d'eux-mêmes mais de ce que leur mère désire. Il vaut mieux arrêter des études qui ne conviennent pas et risquent d'engendrer un sentiment d'infériorité. Autant se diriger vers des formations adaptées et épanouissantes.

Il arrive que notre mère soit angoissée financièrement, qu'elle soit pauvre ou riche dans la réalité. Si notre famille est modeste pécuniairement, nous nous identifions à une mère qui travaille dur, ne satisfait pas ses besoins, s'en sort à force de trésors d'ingéniosité. Nous intégrons ce modèle et sentons le fait de vivre, de s'alimenter, de s'habiller, comme un poids. Certains enfants ont le sentiment de n'avoir été qu'une bouche de plus à nourrir. Parfois, notre mère a des moyens économiques tout à fait satisfaisants mais elle est avare. Pour nous, la réalité implique alors de compter, d'économiser à propos de tout et de n'importe quoi, de vivre chichement. Par exemple, elle thésaurise, investit à l'excès en privant elle-même et sa famille de beaucoup d'éléments agréables de la vie. L'argent n'est plus une énergie qui circule mais un facteur d'angoisse qui masque une frayeur plus profonde : la peur de manquer.

Ou encore, notre mère est angoissée sexuellement.

Pour des raisons psychogénéalogiques, elle exprime des injonctions qui nous marquent profondément. Même si nous réagissons à l'opposé, notre première façon de considérer la sexualité, de l'identifier, est empreinte de ces petites phrases : « La sexualité, c'est une corvée », « Faire l'amour, c'est sale », « Si tu es enceinte, ce ne sera plus la peine de mettre les pieds à la maison », « On ne doit pas coucher avec un garçon avant le mariage », « Il t'abandonnera après avoir profité de toi », « Les hommes ne pensent qu'à ça », « Les femmes qui ont des amants sont des putains », « On ne divorce pas dans la famille », « Tu vas faire un enfant et gâcher ta vie », « Méfie-toi des femmes », « Elles n'ont qu'une chose en tête, le mariage », « Elles ne pensent qu'à l'argent », « Ne tombe pas amoureux, tu seras piégé ». De nombreux patients ont subi des chocs sexuels dus à l'attitude de leur mère : interdiction de la masturbation, dévalorisation constante de la féminité, dénigration systématique de la virilité, etc. Une consultante s'est vue envoyée se confesser par sa mère car elle venait de lui confier qu'elle était tombée amoureuse.

Autre situation : notre mère est angoissée affectivement. Inconsciemment, elle ne s'aime pas. Aussi, nous sommes tenus de lui montrer, en tant qu'enfant, qu'elle est digne d'être aimée. Nous devons remplir ce vide psychologique, la rassurer, lui sourire, lui tendre les bras, la satisfaire, la remercier, la féliciter, la valoriser. Nous voici enfant-poupée, tiré à quatre épingles, beau, sage, intelligent, poli. Elle suscite l'admiration des autres, voisins, commerçants, amis, en nous élevant si bien , c'est une mère « parfaite ». Elle a tendance à interpréter toute différence, toute autonomie, toute rébellion de notre part comme une mise en cause d'elle-même. Tout ce qui n'est pas conforme à son désir est considéré comme une trahison. Elle vit sa maternité comme un chantage affectif, une théâtralisation. Nous nous épuisons à la contenter parce que la demande est sans fin, toujours ravivée par sa dévalorisation inconsciente. À notre tour, nous nous identifions comme enfant non aimable, incapable de satisfaire sa mère. La chaîne psychogénéalogique continue, notre mère ayant déjà vécu une histoire familiale dans laquelle elle n'a pas reçu l'amour dont elle avait besoin. Elle n'a pas pu construire une image positive d'elle-même.

Explorons un autre type de mère, la mère tentaculaire.

Elle est là, omniprésente. À tout moment, elle s'infiltre dans la vie de ses enfants. Aucun secret, aucune intimité n'est possible. Elle range la chambre, fouille les tiroirs, les poches, les cartables, les sacs. Elle lit le courrier, surveille les conversations téléphoniques, trouve le journal intime. Elle fait irruption dans la salle de bains.

En tant que fille, nous sommes envahie par cette mère. On ne voit qu'elle. Elle vit à notre place, se mêle de tout, connaît nos amies. Elle séduit nos amoureux. « Ta mère est formidable. » Pour nous aider, dit-elle, parce qu'elle nous aime et qu'elle est notre mère, elle se préoccupe de tout ce que nous faisons, de la façon de nous habiller, de nous coiffer, de nos relations professionnelles, amicales, amoureuses. « Je te l'avais bien dit, tu vois, j'ai encore raison, tu ne veux jamais m'écouter », « Tu as tort de faire cela », « Si j'étais toi... », « Ma pauvre petite... ». À force de se mettre à notre place, nous n'en avons plus. Elle se présente comme un idéal inatteignable. Ah, si nous étions comme elle ! Mais c'est impossible. Elle seule sait être féminine, tenir une maison, élever les enfants, s'y prendre avec les hommes et, c'est certain, elle s'en tirerait bien mieux professionnellement. Elle n'est pas comme nous, elle connaît la vie — c'est d'ailleurs le privilège de l'âge — sait ce qu'il faut faire, ce qui est bien ou mal, elle a l'expérience. Elle trouve que nous ratons notre vie. Elle, elle a réussi.

Ces mères ont un énorme problème de « lâcher prise ». Jalouses de leur fille et en particulier de sa jeunesse, elles font tout, inconsciemment bien sûr, pour écraser celle qu'elles ressentent comme une rivale. Leur fille est le prolongement de leur propre corps. Hyperfusionnelles, elles ne peuvent pas opérer la séparation, couper le cordon. Constamment envahi par ce modèle de référence, l'enfant ne parvient pas à être autonome et reste ligoté par une auto-dévalorisation entretenue en permanence par la mère. Vis-à-vis de celle-ci, la fille oscille entre des sentiments contradictoires : soif d'amour véritable, besoin de liberté, demande de reconnaissance et haine-rébellion, désir et panique de lui ressembler.

Avec leur fils, ces mères ont un rapport de séduction. Elles vivent par procuration leur polarité virile à travers eux. Parallèlement, elles se positionnent en tant que femme idéale. Aucune des relations amoureuses de celui-ci ne sera à leur hauteur. Elles sont, telle la reine, indétrônables. Parfois très hostiles envers les femmes proches de leur fils, elles peuvent également jouer la carte de la complicité, les manipulant pour mieux les dominer, n'hésitant pas à faire ensuite des volte-face subites pour les évincer. Là aussi, le travail psychologique consiste à mettre à distance, à couper le lien fusionnel, pour pouvoir s'aimer et aimer.

D'un type différent, certaines mères n'aiment pas être mère.

Elles ont un ou des enfants par manque de contraception ou par principe religieux. L'enfant est un accident ; la mère a voulu faire plaisir à son mari ou le retenir. Parfois, pour des motifs plus ou moins inconscients, elle gratifie à travers sa maternité sa propre mère ou son père ou ses grands-parents, sans avoir véritablement envie d'élever un enfant. Souvent, des femmes croient, avant la naissance, aimer la maternité et s'aperçoivent au quotidien que cela ne leur convient pas.

La mère exprime ou non son problème. Si cette insatisfaction reste non dite, l'inconscient de l'enfant absorbe le rejet. Il se sent coupable d'exister, d'être lui-même, de n'être que cela. Il réagit principalement de deux façons. Soit il s'identifie à la situation en se soumettant, se critiquant, s'infériorisant, se dévalorisant, se jugeant, s'inhibant. Il doute de lui et perd confiance. Soit il adopte à son tour l'attitude de rejet de sa mère, devient un enfant révolté, rebelle, coléreux, qui casse tout, se bat, que l'on dit méchant, caractériel.

Si la mère exprime son insatisfaction, celle-ci peut être formulée sur plusieurs modes : « La grossesse, c'est la servitude de la femme », « Chaque enfant, c'est une dent », « Je n'ai jamais pu remettre mes vêtements après ta naissance », « L'accouchement, c'est atroce », « L'allaitement, c'est une horreur », « La maternité, ça dévore », « Je n'ai plus une minute à moi », « Je suis restée douze ans sans sortir », « Depuis que tu es né(e), on a arrêté de faire du sport », « Impossible de lire avec des enfants », « On s'est beaucoup privés pour t'élever », « On s'est tellement sacrifiés pour toi », « J'ai loupé ma carrière à cause de vous », « J'ai dû arrêter mes études », « C'est quand j'étais enceinte que ton père à commencé à me tromper », « C'est à ta naissance qu'ont débuté les conflits avec ton père, avant toi on s'entendait si bien », « Je te souhaite un(e) gosse comme toi, tu verras ce que c'est »... Peu à peu, la fille ou le fils intègre que la maternité, ce n'est vraiment pas la fête ! L'enfant se sent coupable de causer tant de ravages et se perçoit comme mauvais, dangereux, voire assassin. Ces mères projettent sur leurs enfants leur propres blocages. Ils deviennent les alibis de leurs échecs personnels. Dans le meilleur des cas, ils trouvent une autre image maternelle à travers une grand-mère, une tante, une marraine, une amie de la famille, une institutrice, un professeur. Parfois, ils se prennent en charge très tôt, se donnent vie eux-mêmes, en développant parallèlement des névroses d'abandon ou de culpabilité.

Certaines femmes aiment leurs enfants, sauf un. De multiples raisons psychologiques et psychogénéalogiques interviennent, provoquant le rejet spécifique de ce fils ou de cette fille. Tout ce que nous venons d'expliquer sur l'identification de l'enfant à l'hostilité de sa mère est amplifié. En effet, non seulement il assimile ce non-amour, mais il se dévalorise par rapport à ses frères et sœurs. La comparaison fait qu'inhibition et révolte sont d'autant plus marquées et déterminantes.

Mentionnons encore la mère absente.

Autrefois, beaucoup de bébés étaient systématiquement confiés à une nourrice à la campagne. Elle devenait ainsi que son mari et les enfants l'entourant, source d'identifications.

Certaines mères ne sont que très peu disponibles. Souvent surchargées de travail, elles ont une famille nombreuse et sont accaparées par les tâches ménagères. Ou bien elles finissent leurs études, exercent une profession libérale, tiennent un commerce, occupent un poste important dans une société, leur profession nécessite de fréquents déplacements. Les enfants sont confiés à du personnel ou à des membres de la famille. C'est moins la quantité de temps consacré à l'enfant que sa qualité qui compte. Mieux vaut une mère qui s'épanouit dans son travail et retrouve ses enfants avec plaisir qu'une femme malheureuse, étouffant à la maison. Cela dit, un minimum de présence est nécessaire pour qu'une véritable relation mère-enfant puisse s'instaurer.

D'autres mères n'ayant pas d'activité professionnelle sont également très absentes. Par exemple, elles suivent leur mari en déplacement, mènent une vie mondaine importante et nécessaire à la carrière de leur conjoint. Ou encore, elles fuient la maison parce qu'elles s'y ennuient. Certaines mères ne sont pas là suite à une maladie ou à un accident. Elles quittent le domicile pour suivre un traitement parfois long, en hôpital, en clinique, en maison de repos. Ou elles doivent s'aliter chez elles sans être dérangées.

Les enfants alors ressentent un manque, tempéré lorsqu'il s'agit de maladie. Ils s'identifient au fait qu'ils n'intéressent pas leur mère. La nourrice, la baby-sitter, l'employée de maison, la nurse constituent des modèles de référence. Quand elles restent longtemps dans la famille, ces personnes font partie de l'arbre généalogique psychologique. Leur départ peut être ressenti comme un grand drame. La nounou noire d'un patient a veillé sur lui avec amour pendant plusieurs années, père et mère étant souvent en voyage. Il en a gardé une attirance pour les femmes africaines, antillaises ou métissées, qui représentent pour lui la chaleur et la tendresse. L'employée de la famille est parfois, au contraire, revêche, acariâtre, voire sadique. Les parents ne s'en aperçoivent pas toujours tant qu'il n'y a pas de sévices corporels. Car l'enfant délaissé s'identifie à son isolement et n'ose révéler que peu de chose à sa mère.

Une mère absente engendre des réactions différentes. Par exemple, nous sommes solitaire, reproduisant ce que nous avons connu. La solitude nous paraît une protection, un refuge, une habitude. Nous fuyons toute affection, associée inconsciemment à la souffrance, au manque, à l'absence. Parfois nous sommes très indépendant(e), farouchement autonome, hyperresponsable. Habitué(e) à nous débrouiller tout(e) seul(e), nous assumons. Dans d'autres cas, nous craignons constamment d'être abandonné(e) et nous doutons des êtres qui nous aiment, conjoint, amis, proches. Ou nous sommes extrêmement fusionnel(le), cherchant dans une relation idéale, impossible à réaliser concrètement, l'amour qui nous a manqué auprès de notre mère.

Il arrive que des mères décèdent.

C'est toujours un terrible drame pour un enfant de perdre sa mère. Plusieurs situations peuvent se présenter. Par exemple, la mère meurt en couches ou des suites d'une maladie contractée à la naissance de son enfant. Celui-ci ne la connaîtra jamais. Il s'en fait une représentation fantasmatique à travers les images renvoyées par la famille, les photographies, son propre imaginaire. Cette mère décédée existe dans le psychisme de l'enfant mais n'a pas pris corps. Il l'idéalise, la rend parfaite et projette sur elle toute son affectivité. En même temps, inconsciemment, des sentiments de haine l'habitent. Il en veut à cette femme qui, d'une certaine façon, l'a abandonné. Il se déteste d'avoir, selon lui, provoqué sa mort. Sa naissance a tué sa mère. L'attitude de la famille est déterminante pour les identifications de cet enfant. Plus elle est positive à son égard, moins il se sent matricide. Certaines conséquences sont différentes selon le sexe de l'enfant. La fille assimile que le fait d'être mère tue, que la sexualité est dangereuse pour la femme. Le fils intègre que le sperme entraîne la mort, que la sexualité de l'homme assassine la femme.

Certains pères n'arrivent pas à faire le deuil de leur épouse. Ils renforcent, sans le vouloir, la culpabilité de leur fils ou de leur fille. L'enfant ressent encore davantage qu'il eût mieux valu ne pas naître, ne pas vivre. Persuadé d'avoir provoqué ce si grand malheur, il abrite souvent des angoisses telles que la peur de mourir à son tour, ou d'être malade. Il s'imagine qu'il doit expier sa faute, être puni, châtié. Généralement, il est difficile pour le père d'assumer seul l'éducation de son ou ses enfants. Ils sont parfois confiés à d'autres membres de la famille ou mis en nourrice, en pension. Cela entraîne des identifications supplémentaires. Quand le père se remarie, la belle-mère est également une source déterminante de références.

La mère décède au cours de l'enfance ou de l'adolescence. Cette mère plus ou moins connue est mise sur un piédestal. Des patients avaient tellement idéalisé leur mère que l'image qu'ils en avaient ne correspondait plus en rien à la réalité. Inconsciemment, ces enfants s'interrogent sur le rôle de leur père dans cette mort. Ils peuvent fantasmer qu'il a tué leur mère. Ils veulent la venger ou lui demeurer fidèles. Ils rejettent alors la deuxième femme ou d'éventuelles maîtresses. Un enfant ou un adolescent peut perdre sa mère alors qu'il est en conflit important avec elle. Un sentiment d'irréparable se produit alors, accroissant le mal-être, entraînant la peur d'être responsable.

Culpabilité et autopunition sont renforcées quand la mère se suicide, l'enfant ou l'adolescent se reprochant de n'avoir pas réussi à la maintenir en vie. De même, le fantasme de la responsabilité du père vis-à-vis de cette mort est amplifié.

Certaines mères, enfin, abandonnent leurs enfants.

Tout enfant aime sa mère, même quand elle l'abandonne. Combien de personnes dans ce cas l'ont recherchée désespérément. Parfois, l'identité de la mère est secrète, ce qui interdit de la retrouver. Souvent, la mère n'élève pas son enfant mais elle est connue. L'enfant abandonné et adopté s'identifie à sa famille d'adoption, l'enfant placé, à ses différentes nourrices. L'enfant à l'orphelinat ou en institution recherche dans le personnel qui l'entoure des substituts maternels. Il n'en reste pas moins que la mère qui l'a mis au monde occupe une grande place dans son imaginaire. Il entretient à son égard des sentiments ambivalents d'idéalisation et de rejet. Quand la mère d'adoption ne le comprend pas ou que l'entourage est froid, hostile, il rêve et se console en se disant que sa « vraie maman », elle, saurait l'aimer véritablement et le rendre heureux. En même temps, il lui en veut terriblement de subir tout cela à cause d'elle. Et il s'en veut à lui aussi. En effet, le drame des enfants abandonnés consiste à croire qu'ils sont responsables de cet abandon. À leurs yeux, ils ne sont pas assez « aimables » pour être gardés. S'ils avaient été différents, leur mère les aurait acceptés ! Cela entraîne ultérieurement des difficultés à aimer et à se laisser aimer, particulièrement pour ceux qui n'ont pas été adoptés.

Plus l'enfant sait tôt qu'il est adopté, moins le choc est violent quand il l'apprend. S'il le découvre plus tard, l'adolescent ou le jeune adulte éprouve une déchirure et vit comme une trahison le fait qu'on lui ait menti. Il n'en reste pas moins que son inconscient « savait » et qu'il vaut mieux dire tard que jamais.

DES EXEMPLES DE FEMMES

Nous venons d'étudier des exemples de l'influence exercée par la mère, en tant que telle, sur le psychisme de son enfant.

Les identifications vont bien au-delà encore. La mère a également un rôle fondamental en tant que femme. La plupart du temps à son insu, inconsciemment, l'enfant calque son image de la féminité sur elle. Pour la fille, devenir femme se fait par similitude ou opposition. Pour le fils, la mère structure ce qu'il recherche ensuite à travers la ou les femmes qui, comme « par hasard », ressemblent étrangement à celle-ci ou exactement à son contraire.

En tant que fille, pour comprendre nos mimétismes et nos évitements, en tant que fils, pour analyser nos fascinations ou nos rejets, il nous est nécessaire de réfléchir à la personnalité de cette femme qu'est notre mère.

Il n'est pas évident pour un enfant de percevoir sa mère comme une femme bien spécifique, différente des autres. Adolescent, puis adulte, il nous est plus facile de considérer notre mère comme une femme au quotidien.

Un être humain est fait de multiples facettes. Cela est aussi vrai pour la femme qu'est notre mère que pour l'homme qu'est notre père, que nous analyserons ultérieurement.

Un être humain, c'est d'abord un corps. Comment notre mère vit-elle son physique ? Il est fondamental de décrypter si notre mère aime son corps ou non, si elle le critique et à quels propos, si elle le rejette. Parce qu'il y a de fortes chances pour que nous fassions comme elle. Des femmes sont très coquettes, attachant beaucoup d'importance au maquillage, à la coiffure, aux vêtements, à la lingerie, aux bijoux, aux sacs, aux chaussures. D'autres ne s'en soucient qu'en certaines occasions. D'autres enfin rejettent complètement ce qu'elles considèrent comme des artifices.

Certaines femmes sont considérées comme hyperféminines. Elles sont très préoccupées de leur apparence. Pour elles, la beauté extérieure est extrêmement importante. Se vêtir au mieux, dans toutes les circonstances, se coiffer, se maquiller, entretenir leur corps demeure au cœur de leurs préoccupations. Leur ligne est une obsession, les premières rides une angoisse, la vieillesse une terreur. Parfois, ces femmes ne vivent intensément que leur relation amoureuse avec leur mari, passion dont les enfants sont exclus. D'autres, tout en restant fidèles à leur conjoint, ne fondent leurs rapports avec autrui, notamment les hommes, que sur le charme, la séduction, le magnétisme, la fascination. Elles sont généralement en rivalité avec les autres femmes, y compris leurs propres filles, quand elles en ont. D'autres encore ont une vie parallèle, plus ou moins fantasmée, plus ou moins idéalisée, avec un ou plusieurs amants. Leurs enfants sont souvent dans la confidence. Bien sûr, ces femmes dites « hyperféminines » ne sont qu'une caricature de la véritable féminité. Elles ont développé, pour des raisons psychogénéalogiques, une perturbation du narcissisme. Elles ont constamment besoin de se rassurer car, au fond d'elles-mêmes, perdurent des images inconscientes très dévalorisées de la féminité et de leur moi. Le regard de l'autre, de l'homme en particulier, lorsqu'il est séduit, leur renvoie une image positive qui les sécurise. Elles sont incapables d'aimer véritablement l'autre : elles regardent à travers celui-ci le miroir dans lequel elles se reflètent.

Certaines femmes de ce type ont très mal vécu leur grossesse : elles se sentaient enlaidies, déformées. Elles sont en conflit avec leurs filles qu'elles considèrent comme rivales et dont elles jalousent la jeunesse. Beaucoup idéalisent leurs fils comme un prolongement d'elles-mêmes, comme une réussite éclatante, virile, faisant contrepoids à leur féminité infériorisée. Elles constituent fréquemment pour eux un mythe intouchable, inégalable, de l'éternel féminin.

Une patiente me consulte pour un mal-être qu'elle a ressenti après la naissance de son fils. Non seulement sa vie personnelle s'est appauvrie, mais elle a beaucoup grossi, ne prend plus soin d'elle, ne s'habille plus. Elle souffre de cette situation et sa relation avec son mari en pâtit. Sa propre mère se laissait complètement aller. Elle avait honte d'elle ainsi que ses frères et sœurs quand elle venait les chercher à l'école. Des photos prouvent que cette femme était jolie et élégante avant son mariage. Les maternités se succédant, elle a peu à peu délaissé son aspect physique. Ma patiente a compris que, devenant mère à son tour, elle s'était identifiée à l'absence de féminité de sa mère.

Les identifications sont multiples et parfois amusantes. La mère d'une patiente a l'impression d'être toute nue si elle ne porte pas de rouge à lèvres. Sa fille est devenue maquilleuse de cinéma. Une autre patiente collectionne les foulards. Sa mère, fragile de la gorge, en noue toujours un autour de son cou, même en été. L'histoire généalogique de la coiffure est très intéressante. On ne porte pas systématiquement des cheveux longs ou courts sans référence à la famille. Une amie a une mère qui adore les « anglaises » et a fait subir à sa fille démêlages douloureux et mises en plis interminables. Maintenant celle-ci porte toujours des coiffures ultra-courtes. La mère d'une patiente coupait régulièrement les cheveux de sa fille au bol. Celle-ci se fait aujourd'hui de magnifiques chignons.

Le corps constitue notre enveloppe. Aussi, s'associent psychologiquement à celui-ci les vêtements, bien sûr, mais encore la maison, la voiture, tout ce qui nous entoure et nous protège, y compris l'argent. Il est intéressant d'analyser quels étaient les rapports de notre mère avec ce que l'on appelle d'ailleurs communément son intérieur. Là encore, que de diversités sur lesquelles nous allons nous construire !

Certaines femmes sont des maniaques du ménage. C'est tout juste si l'on a le droit de vivre parce que ça salit. Chez certaines grands-mères, on marchait avec des patins pour protéger le sol régulièrement encaustiqué. D'autres laissent la maison aller à tout va, « c'est le quart de leurs soucis ». D'autres encore aiment la décoration mais se moquent de la poussière. En tant que fille, notre comportement est fonction de celui de notre mère par scénario ou contre-scénario. Sommes-nous d'une propreté méticuleuse, quelquefois excessive ? Par exemple, desservons-nous immédiatement la table, nous interdisant la moindre pause ? Aimons-nous la vaisselle et changeons-nous souvent les assiettes, rangeons-nous avec méthode les placards ? Aimons-nous les fleurs et les plantes vertes, les tableaux, les bibelots, les tapis, le « moderne » ou le « style » ou les mélanges de genres, les éclairages directs ou indirects, les canapés moelleux ou les sièges rigides, etc. ?

Concernant également l'univers de la maison, il existe le domaine du linge. Certaines femmes adorent s'en occuper, le repasser, l'entretenir. D'autres non. De même pour la couture.

Quant à la cuisine, elle donne lieu à des sagas familiales, parfois savoureuses.

Dans ce kaléidoscope, nous nous définissons en fonction de notre personnalité et des modèles donnés par notre mère et éventuellement d'autres femmes de notre psychogénéalogie. Certaines identifications sont parfois bien agréables et sources de vie. On se transmet d'aïeule à petite-fille, de marraine à filleule, de tante à nièce, des savoir-faire bien spécifiques. Telle technique à propos de l'entretien de la maison ou du linge, tel tour de main à propos de recettes culinaires ou de jardinage.

Albert me racontait que lorsqu'il fut au chômage, son fils aîné lui dit : « Travaille dans un restaurant, Papa, tu ne mourras jamais de faim. » Cette réflexion surprenait venant d'un jeune de quinze ans, d'un milieu relativement aisé et n'ayant jamais manqué de rien. La mère d'Albert est issue d'une famille nombreuse d'origine tunisienne. Ses propres parents, très pauvres, avaient pour préoccupation essentielle la nourriture. Son frère aîné a ensuite fort bien réussi dans le commerce et, quand Albert venait voir son oncle et sa tante, ceux-ci l'accueillaient ainsi : « Viens ici quand tu veux, tu auras toujours de quoi manger. » Cela a pris d'autant plus d'importance pour Albert que ses parents se sont séparés lorsqu'il avait six ans et que le père n'a plus subvenu aux besoins de la famille. Manger, d'abord pour survivre puis pour vivre, est inscrit profondément dans sa psychogénéalogie. D'autre part, la nourriture est synonyme d'amour. La mère d'Albert quand elle réunit ses enfants et petits-enfants le fait toujours autour d'un plat, un couscous, un méchoui, des tajines, etc.

Une autre patiente, Catherine, a découvert, au cours de sa thérapie, qu'elle aime faire la cuisine alors que jusque-là elle ne savait pas cuire un œuf. Son compagnon s'occupait des courses et des repas. Cette jeune femme était pourtant sensible aux charmes de la nature et vivait ses sensations et sa sexualité sans problème.

Pourtant, elle connaissait à peine les légumes et les

fruits. Quant aux divers poissons et viandes, elle les ignorait. Sa mère la forçait, petite, à l'accompagner au marché qui durait des heures, car c'était, pour elle, la seule sortie où elle rencontrait des amies. Catherine s'ennuyait à mourir et aidait à porter les cabas. Ensuite, sa mère lui demandait de rester sagement à la cuisine pendant qu'elle confectionnait des petits plats. Malgré cela, les repas prenaient des allures de pugilat, car le couple parental ne s'entendait pas. Ce n'est pas la bonne chère que ma patiente n'aime pas, mais les séquences de son enfance.

Pour beaucoup d'entre nous, la façon dont cette femme, notre mère, considère l'argent influence notre conception de celui-ci au quotidien. Comment organise-t-elle son budget ? Quels sont les postes qui comptent pour elle ? Tient-elle les comptes et rédige-t-elle les papiers administratifs ou s'en remet-elle à notre père ?

Une patiente, qui voyait sa mère frapper à la porte du cabinet de son père, exerçant une profession libérale, pour qu'il lui donne l'argent liquide nécessaire au marché, s'est jurée de ne jamais dépendre d'un homme financièrement. Il lui a fallu un important travail psychologique pour accepter des invitations et des cadeaux d'un homme et admettre qu'un homme en payant puisse aussi manifester son amour. Une autre patiente, dont le milieu d'origine était modeste, fréquentait pour son travail des messieurs influents qui souvent la conviaient à dîner. Elle se sentait redevable de ces sorties dans les grands restaurants et n'osait pas dire non quand le monsieur en question proposait de la raccompagner chez elle. Elle a appris à être libre et à respecter son propre désir.

D'autres femmes encore, parce que leur mère ne travaillait pas à l'extérieur et dépendait financièrement de son conjoint, attendent le « prince charmant » qui les sortira, les fera voyager, et passent leurs week-ends enfermées chez elles alors qu'elles pourraient disposer de l'argent que leur procure leur profession. Certains patients ou patientes considèrent comme indispensable d'être propriétaires de leur appartement parce que leur mère, voire leurs grands-mères étaient des femmes pour qui les biens immobiliers symbolisaient la sécurité.

Notre mère est-elle une femme qui apprécie les voyages ou cela l'angoisse-t-elle ? Aime-t-elle conduire ? Au contraire, n'a-t-elle pas son permis ou refuse-t-elle de le passer ?

Notre mère a-t-elle des problèmes de santé ? Comment considère-t-elle la médecine, les médicaments ? Avait-elle des crises de foie, des migraines ? Et comment réagissions-nous à tout cela ? Par exemple, certains hommes dont la mère était constamment « patraque » ne supportent pas le moindre bobo chez leur femme. À l'inverse, dans certaines familles, la maladie est source d'amour. Enfant, on a été très attaché à la femme malade qu'était notre mère. Ainsi, par exemple, on a tendance à devenir infirmier(e) des uns et des autres, on exerce une profession médicale ou paramédicale. Parfois, plus dangereux pour notre propre santé, nous tombons malade à notre tour quand nous avons besoin d'affection.

Ce sont là quelques exemples concernant le corps et son extension. Mais il est également fondamental pour nous connaître de nous interroger sur la femme qu'est notre mère sur le plan sexuel. Il est difficile, pour un enfant, de fantasmer la sexualité de sa mère, de même que celle de son père, ce que nous verrons ultérieurement à propos des identifications au couple.

Des femmes sont à ce sujet complètement mutiques. Elles ne transmettent aucune image sexuelle ou plutôt, c'est une image asexuée qu'elles offrent.

Plus généralement, la femme qui est notre mère donne

par son discours et par son attitude, ses gestes, des éléments concernant sa sexualité qui structurent en tant qu'enfant puis adolescent(e) la nôtre. Par exemple, si notre mère est une femme heureuse, épanouie, tendre, amoureuse, la fille que nous sommes associe sexualité et bonheur. En tant que fils, nous savons que plus tard, nous pourrons combler une femme.

Hélas, ce n'est pas toujours le cas. Certaines femmes ont, pour des raisons psychogénéalogiques, une conception de la sexualité complètement souillée. « C'est dégoûtant », « C'est sale », « Il n'y a que les hommes pour penser à ça ». D'autres n'éprouvent aucun plaisir. « C'est une corvée », « C'est le devoir conjugal », « C'est pour satisfaire ton père ». Parfois, les rapports sont douloureux physiquement ou vécus comme un viol. La religion a fait d'énormes ravages psychologiques concernant la sexualité et la sensualité. « Ça sert uniquement à avoir des enfants et la maternité, ça n'est pas une panacée. » En tant que fille, nous n'avons pas envie d'être une victime sexuelle comme notre mère. Soit nous fuyons l'homme, source de malheur pour la femme, soit nous collectionnons les amants dès l'adolescence, sans que cela nous apporte d'ailleurs beaucoup de satisfactions. En tant que fils, il nous est bien difficile de devenir homme en vengeant notre mère de la race masculine. Comment ne pas être l'ennemi à notre tour ?

Avons-nous reçu une éducation sexuelle de la part de cette femme ? Que s'est-il passé lors de nos premières règles ? Combien de filles ont été traumatisées par ce « passage » important de la vie d'une femme ? À certaines, on n'a rien dit et elles se sont crues malades. À d'autres, on a prophétisé que le malheur d'être femme commençait. Souvent, on a dès lors interdit les jeux à l'extérieur, les sorties, les camaraderies masculines, tout ce qui pouvait mettre en danger d'être enceinte. Des patientes ont été traitées par leur mère de « putain » parce qu'elles s'étaient maquillées ou avaient mis une minijupe. Cette femme nous a-t-elle surpris(e) en train de nous masturber et nous a-t-elle violemment morigéné(e) ? Que nous a-t-elle expliqué de la contraception ? Combien de filles ont pris la pilule en cachette parce que la sexualité était interdite ou la communication avec la mère inexistante. Parfois, des femmes envient leurs filles de pouvoir vivre leur sexualité sans contraintes alors que cela leur était impossible à leur époque. Nombre de patientes ont avorté à l'insu de leur mère.

L'éducation sexuelle à l'école, la libération des mœurs, la campagne de prévention contre le sida, contribuent à modifier l'influence de la mère et de la famille dans ce domaine.

Il est également capital de nous interroger sur la femme qu'est notre mère sur le plan affectif. Quel est ce que l'on a coutume d'appeler le caractère de notre mère ? Prend-elle la vie du bon côté, est-elle optimiste, positive, d'humeur enjouée ? Au contraire, a-t-elle l'esprit chagrin, faisant de chaque petit problème une difficulté plus grande encore et craignant toujours le pire ? Certains enfants ont « appris », sans s'en rendre compte, à refuser le bonheur par crainte d'attirer des événements malheureux. D'autres prévoient la catastrophe qui pourrait arriver, de façon à se tenir prêts. Il y a des femmes qui, de génération en génération, ont comme sujet de conversation les ennuis, les maladies, les accidents, les décès de leur famille, de leurs amis, de leur voisinage, de leur village, sans compter ceux annoncés quotidiennement par les journaux, les radios et les chaînes de télévision.

Notre mère est-elle une femme tendre et affectueuse ou froide et réservée ? Nous prenait-elle dans ses bras, nous câlinait-elle, nous embrassait-elle ? Aime-t-elle donner et recevoir des cadeaux, souhaiter les anniversaires, les fêtes, inviter à déjeuner ou à dîner ? Avait-on le droit de recevoir nos camarades chez nous, organisait-elle des goûters ? Étions-nous autorisé(e) à aller chez nos amis ?

Notre mère est-elle calme ou crie-t-elle tout le temps, et ce, à quels propos ? Une patiente écoute le silence avec ravissement. Point de radio ni de chaîne hi-fi chez elle. Son enfance a été martelée par les vociférations de sa mère. Cette femme malheureuse, frustrée, débordée, exprimait sa souffrance par ces violences quotidiennement renouvelées.

Par ailleurs, notre mère est-elle une femme heureuse d'être femme ? Si c'est le cas, il est très probable qu'elle nous accepte en tant que fille et nous transmette, comme sa propre mère l'a sans doute fait, une image positive de la féminité. En tant que fils, elle ne nous demande pas de réaliser sa virilité manquée, de devenir l'homme idéalisé qu'elle aurait voulu être. Elle nous laisse vivre en paix.

Si notre mère n'aime pas être une femme, plusieurs conséquences sont possibles. Certaines patientes, fort brillantes professionnellement, ont été élevées dans l'idée inconsciente de venger la femme de sa condition par rapport à celle de l'homme. D'autres ont été complètement gommées au profit de leur(s) frère(s) et habituées à ne pas exister. Des fils ont été pris dans un écheveau inextricable : le fait d'être homme est à la fois valorisé et culpabilisé, leurs éléments internes rappelant trop l'archétype féminin sont refoulés, l'image de la femme est dénigrée. Plus tard, ces hommes étouffent leur « femme intérieure » et sont misogynes vis-à-vis de leur(s) compagne(s) et collègues féminines. Á l'intérieur d'eux, sévit la guerre entre les sexes qu'a déclenchée leur mère dès leur plus jeune âge.

Autre type de femme, la femme enfant. Pour tout, elle s'en remet à son mari. Elle ne sait pas libeller un chèque ni les papiers de Sécurité Sociale. C'est lui qui fait les comptes, qui la conduit pour faire les courses, qui l'accompagne chez le médecin. Elle ne prend aucune décision, ni pour les enfants, ni pour la maison, ni pour les vacances. Sans homme, elle serait perdue. Là encore, les identifications sont puissantes et entraînent des répétitions par scénario ou contre-scénario. Telle fille mime à son tour cette femme. Tel fils sera hyperprotecteur, voire autoritaire, avec son épouse. D'autres enfants assimilent féminité et incapacité. Ils se rebellent. Une patiente, fuyant le modèle de sa mère qui ne prenait aucune responsabilité, est devenue la copie conforme de son père. Elle a monté une entreprise qu'elle dirige avec efficacité, c'est une maîtresse de maison très organisée, une maman attentive, une épouse attentionnée. Son travail psychologique lui a permis d'apprendre à se détendre et à accorder davantage de place à son mari.

Un patient s'est rendu compte qu'il était beaucoup trop exigeant avec sa compagne. À l'inverse de sa mère, il voulait qu'elle s'occupe de tout. Il a appris, peu à peu, à partager les décisions et leurs mises en œuvre.

Nous avons vu précédemment des exemples de femmes victimes sexuelles. Il existe aussi des victimes affectives. « Ton père ne m'a jamais aimée », « C'est un rustre incapable de tendresse », « Il m'a épousée par intérêt ». « Si je n'avais pas été enceinte, je ne me serais jamais mariée », « Je reste à cause de vous », « J'étais amoureuse d'un autre homme qui est mort à la guerre », « Ma famille m'a empêchée d'épouser celui que j'aimais », « Votre père m'a toujours trompée », « Depuis des années, il a une maîtresse ». Certaines femmes vivent ainsi des enfers de solitude, de frustration, de haine, de jalousie. D'autres sont battues, menacées, terrorisées. Elles restent parce qu'elles n'ont pas la force de lutter, parce qu'elles ont peur. Les identifications génèrent diverses situations. Telles filles répètent avec leur conjoint le même couple bourreau-victime. D'autres adoptent à leur tour une agressivité viscérale vis-à-vis des hommes et sont en conflit systématique avec eux. Des fils prennent le parti de leur mère et se soumettent à leur femme pour ne surtout pas ressembler à leur père. D'autres font de chaque femme une victime, que ce soit à la maison ou au travail.

Tout à fait différente, est la femme matriarcale. C'est la maîtresse femme. Autoritaire, souvent rigide, parfois dictatoriale, elle impose sa volonté à tout et à tous. Ses enfants la craignent. Ils identifient féminité et terreur. Ses filles reproduisent le même schéma ou sont au contraire souples, voire laxistes, avec leurs enfants et leur conjoint.

Hélène, une patiente, m'a consultée car elle finissait par devenir complètement masochiste face à son mari. Sa mère décidait de tout pour la famille. Elle privait son mari et ses enfants d'exprimer leurs désirs et leur autonomie. Ne voulant surtout pas en faire autant, Hélène n'osait rien demander à son conjoint. Ainsi, il ne l'aidait jamais à la maison, se faisait servir. Peu à peu, il se mit à rentrer de plus en plus tard sans prévenir. À force de n'avoir aucune exigence, Hélène ne savait pas se faire respecter et reproduisait sans s'en rendre compte la même soumission souffrante qu'elle avait connue face à sa mère.

Les fils de ce type de femme ont généralement une image angoissante de celle-ci. Soit, répétant l'asservissement, ils retrouvent des épouses semblables ou les transforment inconsciemment, au fil du temps, en virago. Soit ils ont une haine refoulée du sexe opposé, prennent leur revanche en tyrannisant leur compagne, additionnent les aventures. Soit ils rencontrent des problèmes sexuels. Le vagin leur semble un organe menaçant qui va les dévorer, les castrer. Ils sont éjaculateurs précoces ou impuissants.

Considérons maintenant quelle femme est notre mère sur le plan intellectuel. Est-elle très mentale ? La culture, les études sont-elles au centre de ses préoccupations ? Souffre-t-elle de dévalorisation dans ce domaine ? Le jugement des autres, le « qu'en-dira-t-on » la concernant sont-ils prépondérants ?

Une patiente, pour des raisons psychogénéalogiques, se torture sur le plan intellectuel et social. Elle a un diplôme de troisième cycle en université mais seules les grandes écoles sont valorisées à ses yeux. Elle est issue d'une petite ville de province où sa famille fait partie des notables. L'anonymat de Paris ne lui convient pas. Elle souhaite qu'elle et son conjoint soient reçus dans certains milieux, vus, reconnus. Elle lit les livres qu'il faut lire, assiste aux spectacles qu'il faut voir. Elle souffre si elle ne parle pas à un dîner. En sortant d'un cinéma, elle cherche déjà ce qu'elle pourra bien exprimer d'original sur le film. Il y a les vêtements références, les bijoux adéquats, l'appartement dont on doit être propriétaire, le type de voiture approprié. Cette patiente se rend bien compte qu'elle n'est pas heureuse, qu'elle s'empoisonne la vie en n'étant pas elle-même, en se soumettant constamment à l'opinion des autres qu'elle fantasme. Ce qu'elle croit si important, c'est une vision du monde qu'elle a héritée depuis trois générations, qu'elle projette autour d'elle et qui ne lui appartient pas.

Certaines mères sont des femmes « dans leur monde », déconnectées du réel. Il y en a qui dévorent des romans ou des revues « à l'eau de rose », rêvant à des histoires d'amour idéalisées. La mère d'une patiente qui habitait dans un hameau passait des heures à regarder par la fenêtre, les yeux dans le vague.

Notre mère est-elle une femme qui travaille au-dehors ? Que nous a-t-elle transmis de son activité ? Sa profession lui plaît-elle ou ne représente-t-elle qu'un gagne-pain ? Cela nous concerne dans nos identifications afférentes à la féminité et à l'activité professionnelle.

Quel est le rapport de cette femme avec les machines ? Détail amusant, je me suis aperçue que la plupart des femmes vivant en couple ne savent pas se servir d'un magnétoscope. Beaucoup de mères n'utilisent que les appareils ménagers et la voiture.

Pour conclure, il est important de savoir quelles sont les conceptions et les pratiques de cette femme à propos de la morale, de la religion. De même, ses idées politiques ont une influence sur nous.

Un ami d'enfance, Jacques, a caché à ses enfants et à ses nouveaux amis même les plus intimes son premier mariage. Celui-ci n'a duré que quelques mois. Son épouse d'alors, malgré ses réticences, a obtenu le divorce en prenant tous les torts à sa charge. La mère de Jacques, lors du remariage de Jackie Kennedy avec Aristote Onassis, avait affirmé péremptoirement : « Elle épouse un divorcé, elle ira en enfer. »

Grâce à sa thérapie, Patricia a cessé de trembler face au chantage de sa mère. Elle s'est fait avorter à la suite d'une liaison avant de connaître son mari. Sa mère, mise au courant, menaçait constamment de tout révéler à ce dernier. Patricia, complètement identifiée à la morale catholique de cette femme, vivait cela comme une faute impardonnable et inavouable. Elle a décidé d'en parler elle-même à son conjoint qui s'est montré très compréhensif et désolé qu'elle n'ait pas partagé plus tôt ce fardeau.

LES IDENTIFICATIONS AU PÈRE

Certes, le père est biologiquement moins proche de l'enfant que la mère, notamment lorsque celui-ci est bébé. Il n'est pas aussi viscéralement concerné, son corps n'étant mis en jeu que dans l'acte sexuel procréateur. Même s'il entoure la future maman de tout son amour et la protège en lui ménageant fatigues, efforts, tracas, ce n'est pas lui qui développe la gestation du fœtus, ce n'est pas lui qui accouche bien qu'il puisse accompagner le processus de façon active et positive, ce n'est pas lui qui allaite alors qu'il peut donner des biberons, participer à la toilette du nourrisson et lui offrir tendresse et affection.

Il n'en reste pas moins vrai que nous sommes le fruit de la rencontre d'un homme et d'une femme. Le rôle du père est tout aussi fondamental dans la structuration du psychisme de l'être humain que celui de la mère. Par définition, puisqu'ils sont de sexe différent, les fonctions d'identification pour l'enfant sont spécifiques et complémentaires.

À travers son père, le fils apprend à être homme. Il s'identifie à lui. Plus tard, il répète le même scénario en le mimant ou essaie de faire l'inverse pour surtout ne pas lui ressembler. Il intègre les définitions de la masculinité au niveau corporel, affectif, intellectuel et sexuel. Il assimile les fonctions de la virilité au sein du couple, de la famille, du monde du travail, de la société. Il élabore les modalités de ses futures relations avec les femmes, qu'elles soient épouses ou compagnes, amantes, amies, collègues de travail. Il mémorise une conception de la paternité qu'il reproduit ou fuit lorsqu'il lui est possible d'être père à son tour. Il structure ses rapports ultérieurs avec ses supérieurs hiérarchiques mais aussi ses attitudes vis-à-vis des instances légales, politiques, religieuses.

Par l'intermédiaire de son père, la fille construit les différentes facettes de son image de l'homme. Elle forge sa conception de la masculinité. En fonction de la relation établie avec lui, elle tisse la trame de ses futurs rapports avec l'autre sexe. Des identifications au père dépend le choix de l'homme ou des hommes aimés, du mari, du compagnon, de l'amant. Les répétitions du lien avec lui conditionnent le vécu des communications affectives et sexuelles, l'union avec le ou les géniteurs de ses propres enfants. Elles sous-tendent également les attitudes envers les supérieurs hiérarchiques et les collègues masculins.

Tout enfant s'identifie à l'image que lui renvoie son père. Comme nous l'avons vu précédemment pour la mère, le bébé « sait » si son père le désire ou non, si son sexe est conforme à son attente, s'il est pour lui un bon ou un mauvais « objet ». Mais le père construit au fil du temps, pour l'enfant, une image narcissique secondaire tandis que la mère développe la première. Le bébé, comme nous l'avons expliqué précédemment, s'aime de la façon dont l'aime sa mère. Plus tard, l'enfant s'estime de la manière dont l'estime son père. Il lui confère sa valeur, sa place dans la société.

Nombre de patients se croyaient « nuls », sans capacités, sans potentiels, accumulaient les échecs parce que leurs pères les ont ignorés ou critiqués ou écrasés. Un travail en psychogénéalogie leur a permis de renaître à eux-mêmes en décryptant la problématique paternelle et en dépassant les projections négatives, voire assassines, dont ils ont fait l'objet et auxquelles ils se sont identifiés. Leur père étant lui-même fils et petit-fils, son attitude résulte d'un ensemble de composantes psychologiques familiales. Par des mécanismes qu'il nous faut élucider — chaque histoire étant particulière — il arrive qu'un homme ne puisse assumer la paternité d'un fils de façon constructive. Et cela n'a rien à voir avec la personnalité de ce dernier.

Beaucoup de femmes ne se respectent que si leur père a reconnu leur identité et leur féminité. Or, certains hommes n'accordent d'importance qu'à leurs fils. D'autres ne communiquent que très peu avec leurs filles. Elles font partie du gynécée ; elles se marieront et auront des enfants, peu importent leurs études, leurs opinions. D'autres, à l'inverse, ont une relation intellectuelle très intense avec elles, mais les considèrent comme des garçons manqués. De nombreux pères changent d'attitude lorsque leurs filles accèdent à la puberté et à l'adolescence. Eux qui câlinaient leur petite ne savent plus comment rentrer en relation avec cette femme en éclosion. Alors ils s'éloignent et se taisent, ne faisant jamais un compliment, ne remarquant jamais ni maquillage, ni coiffure, ni vêtement.

Archaïquement, la mère nous apprend avant tout l'intérieur, la nourriture, le corps, même si elle travaille. Le père, lui, nous initie à l'espace, la société, le monde. Il est d'autre part le gardien de la loi, au sens psychanalytique du terme, c'est-à-dire des limites permettant à l'enfant de se structurer et de s'épanouir. Le père coupe l'enfant de la fusion d'avec la mère pour qu'il devienne un être humain autonome. Par sa présence et son action, il empêche le petit garçon de faire couple avec cette femme idéalisée. Perçu par ce dernier comme rival auprès d'elle, il lui permet de prendre sa place de fils et non de compagnon symbiotique de la mère, de s'identifier à la masculinité qu'il incarne, de se construire en tant qu'homme. Le père donne la possibilité à la fille de ne plus faire corps avec la mère, de découvrir sa propre spécificité, d'aller à sa rencontre, lui apprenant l'image de la virilité et la communication avec l'homme.

Le symbole de cette initiation à la loi, à l'espace et à la société consiste en la transmission par le père de son nom à l'enfant qu'il reconnaît ainsi comme sien. Il l'instaure dans le monde comme faisant partie de sa descendance, de son clan.

De tout temps, aussi étrange que cela puisse paraître, c'est la mère qui donne accès au père.

Une femme qui aime son conjoint et qui est heureuse avec lui « partage » avec plaisir le nouveau-né puis l'enfant. Elle transmet à celui-ci une image positive de cet homme, lui racontant son bonheur de vivre avec lui, ses qualités qu'elle apprécie particulièrement, les circonstances de leur rencontre. Si le père est amené à voyager pour son travail, elle maintient le contact entre le père et son enfant. Elle parle de son activité professionnelle, lit les lettres qu'il ne peut encore déchiffrer ou le fait participer aux contacts téléphoniques. Certains enfants, dont le père est mort, ont à travers leur mère une image très vivante de ce dernier, parfois idéalisée.

D'autres femmes, même mariées dans le cadre d'un couple traditionnel, gèrent pratiquement seules l'éducation des enfants. Bien que leur père soit là, ils n'ont pas directement accès à lui. La relation se fait par l'intermédiaire de la mère qui communique les informations.

Certaines mères sont en conflit avec cet homme. Elles n'en parlent jamais ou le critiquent plus ou moins violemment. Elles éloignent leur fils ou leur fille de cet individu qui les rend malheureuses. Dans des cas extrêmes, elles protègent leur(s) enfant(s) de cet être humain « peu recommandable » qui frappe, boit, viole.

Des mères célibataires parlent à leur enfant de leur géniteur, parfois très positivement. D'autres ne révèlent jamais son identité, gardant le secret même sur leur lit de mort. Parmi celles-ci, on peut penser qu'elles-mêmes ne savent pas et n'osent pas avouer qu'elles ont eu plusieurs liaisons à la fois. Dans le cadre des histoires secrètes, vouées au silence absolu, mentionnons certaines conceptions, fruits de l'inceste, qui restent tabou généalogique.

D'autre part, certaines femmes mariées révèlent un jour à leur fils ou à leur fille que « leur père n'est pas leur père », mais un amant plus ou moins caché.

Le rôle du père est aujourd'hui en pleine mutation. Plusieurs lignes directrices se dessinent et sont d'ailleurs contradictoires. D'une part, de plus en plus de pères sont présents dès le plus jeune âge de leurs enfants. On ne considère plus le nourrisson comme « un tube digestif » nécessitant uniquement nourriture, toilette et sommeil. Autrefois, beaucoup de pères ne s'intéressaient à leurs enfants que lorsqu'ils grandissaient et étaient en mesure d'établir des échanges intellectuels. Dans la Chine ancienne, selon la tradition instaurée par Confucius, les pères ne rentraient en relation avec leurs enfants, et essentiellement leurs fils que lorsqu'ils avaient atteint l'âge dit « de raison », c'est-à-dire sept ans. Si le phénomène des « nouveaux pères » constitue un comportement novateur et souhaitable, il convient toutefois de s'interroger sur les papas qui jouent les mères. Comme nous venons de le voir, le père, par sa spécificité d'homme, provoque des identifications différentes de celles afférentes à la mère.

D'autre part, il y a de plus en plus de pères divorcés, le nombre des séparations ne cessant de s'accroître. Beaucoup souffrent de ne pouvoir partager la vie de leurs enfants au quotidien, ne les voyant généralement qu'un week-end sur deux et la moitié des vacances. Ils leur consacrent souvent à ces moments-là tout leur temps, toute leur attention.

Paradoxalement, ils reconnaissent fréquemment qu'ils n'auraient pas su se rendre aussi disponibles dans le cadre d'une vie familiale traditionnelle.

Enfin, bon nombre de mères sont célibataires. Autrefois dramatiquement mises au ban de la société, elles ont maintenant une place importante et respectée. Certaines femmes ont fait ce choix délibérément, d'autres ont rencontré des hommes ne pouvant assumer leur paternité.

Il est impossible d'être exhaustif en décrivant tous les types de pères. Nous nous attacherons aux typologies les plus fréquemment rencontrées en psychogénéalogie.

DES EXEMPLES DE PÈRES

Pour le plus grand bonheur de leurs enfants, certains pères aiment être père. Aidés en cela par leur psychogénéalogie, ils ont envie de construire une famille. Il leur importe de transmettre leur nom, de prolonger une lignée, d'avoir des enfants. Certains de ces hommes ont à travers leur père et leurs grands-pères, voire leur beau-père ou leur oncle, une image positive de la paternité. D'autres, au contraire, ont cruellement souffert pendant leur enfance d'une absence paternelle, d'un manque de structure familiale et essaient en tout point de pratiquer le contre-scénario de ce qu'ils ont connu.

Le père qui aime être père communique avec ses enfants, établit une relation spécifique avec eux, différente de celle de la mère, parce qu'il est homme.

Son corps, généralement plus fort physiquement, lui permet d'inviter à explorer un espace plus large. Petit, on virevolte au bout des bras de Papa, on fait l'avion, on se promène juché sur ses épaules, on regarde le monde d'un autre point de vue qu'avec Maman. Plus tard, on partage avec son père certaines activités physiques culturellement liées à la masculinité. Combien de fils ont appris ainsi à pêcher, à chasser, à faire du football ou du rugby. Certains pères initient fils et filles aux gestes du bricolage, donnent les premières leçons de conduite automobile, de navigation, voire de pilotage d'avion. C'est souvent avec le père que l'on apprend à s'orienter dans le monde, à connaître les points cardinaux, à lire une carte routière.

Sa voix plus imposante que celle de la mère lui confère une autorité qui, lorsqu'elle n'est pas abusive mais accompagnée d'affection et de calme, est structurante pour le développement de l'enfant. Quand c'est oui, c'est oui et quand c'est non, c'est non.

Outre l'espace et la loi structurante, les pères qui aiment être pères transmettent tout un ensemble d'éléments de leur personnalité auxquels s'identifient leurs enfants. À ce niveau, les différences masculin-féminin sont beaucoup moins marquées. Certaines mères jouent également ce rôle. Des pères artisans communiquent des tours de main, des savoir-faire. Des pères artistes enseignent la pratique d'un instrument de musique, l'art de la peinture, de la sculpture. Si Papa a une culture scientifique, c'est lui qui veille de préférence sur les devoirs de mathématiques, de chimie, de physique, de biologie.

Des enfants sont très tôt bilingues parce que le père est d'une autre nationalité que la mère. Des pères sportifs entraînent leurs enfants au tennis, au golf, à la voile, etc.

Beaucoup de pères aimant leur rôle transmettent à leurs enfants leur vision du monde. Ils font lire le journal, commentent l'actualité, discutent à propos des émissions de télévision et de radio, expliquent leurs idées politiques, sociales, philosophiques, religieuses.

Malheureusement, de trop nombreux pères sont encore absents. Psychologiquement, c'est un drame qui se perpétue de génération en génération. Faute de modèle, les fils devenus pères n'arrivent pas à exercer leur rôle spécifique et fondamental. Cela entraîne par voie de conséquence une omniprésence et une toute-puissance de la mère, sources d'autres problèmes. Mais contrairement à ce que l'on pourrait croire trop hâtivement, il existe de nombreux types d'absence dont les conséquences psychogénéalogiques diffèrent.

Paradoxalement, certains pères sont absents bien qu'ils vivent avec la mère de leurs enfants, qu'ils aiment leurs fils et leurs filles, qu'ils ont souhaité construire une famille. Ils ne sont pas là parce qu'ils travaillent énormément. Entraperçus au petit déjeuner, ils ne rentrent qu'après le coucher des enfants. Ceux-ci ne le voient que le week-end à moins que des dossiers urgents ne l'accaparent et en vacances, écourtées parfois pour des besoins professionnels. Leur métier nécessite souvent des déplacements de plusieurs jours, de plusieurs semaines. Ces hommes manifestent leur amour paternel en payant, en assumant un maximum de charges financières, en faisant des cadeaux. Pour eux, aimer leurs enfants, c'est leur procurer le plus de confort matériel possible, leur offrir les meilleures écoles pour qu'ils puissent obtenir les diplômes les plus performants et se lier d'amitié avec des congénères socialement sélectionnés. C'est aussi leur donner la possibilité de pratiquer de nombreuses activités sportives et culturelles, les rendre le plus rapidement possible polyglottes. Ils laissent à leur femme le soin de la famille au quotidien. C'est elle qui organise, gère la vie de la maison. C'est elle qui éduque, communique avec les enfants, suit la scolarité, entre en relations avec les professeurs, planifie les diverses activités et séjours à l'étranger.

Certains fils de ces pères intègrent leurs modèles, font de brillantes études et plus tard reproduisent le même scénario avec leurs enfants. D'autres se rebellent, d'autres encore oscillent entre tout et rien, ne peuvent se gérer ni gérer leur vie, exécrant toute forme de contrainte ou d'effort. Parfois, certains expriment par la délinquance leur agressivité et leur manque de repères.

Les filles de ces pères ont beaucoup de mal à recevoir

de sa part une image positive d'elles-mêmes et à entrer en relation avec lui. Selon les cas, l'homme est mis sur un piédestal, valorisé pour son intelligence, ses capacités professionnelles et financières. Mais par définition, il est inaccessible. Devenues femmes, elles ont tendance à idéaliser l'homme et à se dénigrer. Ce sont souvent des amoureuses malheureuses, attachées à un homme absent, marié lui aussi à son travail ou à une autre femme. Certaines entrent en compétition avec la masculinité et misent avant tout sur leur carrière, voulant égaler leur père. D'autres enfin « se vengent » en faisant payer l'homme ou les hommes puisque c'est la seule chose que l'on puisse attendre d'eux.

Il existe d'autres types de pères absents bien que physiquement présents. Ils vivent également avec la mère de leurs enfants. Ils travaillent sans être assujettis à des horaires dévorants et des responsabilités absorbant leur énergie. Mais ils ne disent rien. Ils s'effacent complètement derrière leur femme. Pour leurs enfants devenus adultes, ces pères sont de grands inconnus. Le mystère plane et l'amour paternel manque. Les identifications se constituent sur un grand vide. Ces hommes, pour des raisons psychogénéalogiques, n'arrivent pas à prendre leur place au sein du foyer. Ils n'ont pas appris à communiquer affectivement avec les enfants. Avec les patients dans ce cas, nous cherchons à comprendre pourquoi et à reconstituer, comme un puzzle, la véritable identité du père mutique.

Certains pères sont absents parce qu'il leur paraît important de prendre des responsabilités au niveau de la société. Ils sont responsables syndicaux, affiliés à un parti, élus ou responsables politiques, d'autres encore participent à des activités spirituelles, philosophiques ou caritatives. Souvent leur temps libre est absorbé par des réunions, des meetings, des campagnes électorales, des activités humanitaires. Si la mère transmet une image positive des occupations de son mari ou de son compagnon, les enfants contractent à leur tour une passion pour le militantisme. Si l'enfant vit ces activités comme un abandon, il se révoltera plus tard.

D'autres pères sont absents parce qu'ils n'aiment pas beaucoup la vie de famille. Ils sortent avec leurs copains. Quand ils ont terminé leur travail, ils passent au café une partie de la soirée. Le week-end, ils assistent aux matches et participent hors de leur foyer à des activités entre hommes. Là encore, la mère est omniprésente et le père, un inconnu.

Dans certains cas, le père n'est pas là parce qu'il est en prison. Éventuellement pour des raisons politiques. Mais aussi pour des causes moins nobles. C'est parfois la source d'un secret de famille.

Au contraire, il existe des pères hyperprésents et autoritaires. Toutes les nuances sont possibles. Une patiente, née en milieu rural en Provence, se lève toujours à Paris vers cinq heures du matin. Elle évoque le souvenir de son père, décédé lorsqu'elle avait vingt ans, homme de la terre, austère, rigide, dur mais juste. « On ne badinait pas avec Papa, il suffisait d'un regard pour que mes sœurs et moi filions doux. Mais nous savions qu'il nous aimait. Il nous réveillait à l'aube en nous apportant à chacune un bol de café noir au lit. »

Dans d'autres cas, aucune marque d'affection n'est traduite en paroles ou en gestes. Le père est le commandeur terrorisant auquel les enfants sont obligés de se soumettre. Il interdit, il condamne, il critique, il crie, il hurle, il frappe, il corrige à coups de martinet ou de ceinture. Fils et filles tremblent. Fréquemment, la mère est elle-même comme une enfant devant cet homme qu'elle craint. Il ne faut pas faire de bruit, pas discuter, pas contester. Il ne doit être contrarié en rien, sinon gare à l'explosion. Certaines femmes utilisent le potentiel de violence de leur conjoint et le transforment peu à peu en père croque-mitaine comme l'était généralement leur propre père. « Tu vas voir Papa lorsqu'il rentrera », « Ton père te donnera la leçon que tu mérites », « Tu ne perds rien pour attendre, à son retour, tu recevras une belle fessée ».

Aussi curieux que cela puisse paraître, ces hommes ne sont pas sûrs d'eux. Ils compensent leur infériorité en haussant la voix, en se mettant en colère, en tapant, en faisant régner la terreur. S'ils étaient en harmonie avec eux-mêmes, ils manifesteraient une véritable autorité en sachant imposer certaines limites nécessaires tout en expliquant les raisons. Ils agiraient avec calme, fermeté, affection et tendresse. Ce n'est pas par hasard si le président François Mitterrand a été élu grâce au slogan l'associant à la « force tranquille ».

Les enfants, loin de comprendre la faille de la personnalité de leur père, sont prostrés, écrasés, castrés. Des films illustrent très bien les conséquences d'une telle situation pour certains fils. Dans *Pretty Woman* *, Richard Gere interprète un businessman dévalorisé par son père qui cherche à prouver sa valeur dans la négociation de ses affaires. Immanquablement, il projette sur le propriétaire de la société qu'il désire racheter tout le ressentiment accumulé contre son propre père. Jusqu'à ce que ce patron le reconnaisse comme un partenaire digne d'intérêt et devienne un père de substitution. Il lui donne ce qu'il cherche depuis toujours : être vu, être reconnu, être estimé en tant que fils.

Amadeus ** nous montre le père de Mozart demandant à son fils toujours plus, le jugeant constamment, le poursuivant tel un fantôme, le culpabilisant jusqu'à sa mort.

Le Cercle des poètes disparus *** met en scène un fils

---

* Film de Garry Marshall, 1990.
** Film de Milos Forman, 1984.
*** Film de Peter Weir, 1989.

qui préfère se suicider plutôt que de désobéir à son père, outrepasser son interdiction.

Nous avons vu précédemment que beaucoup de mères sont en rivalité féminine avec leur fille. Jalouses de leur jeunesse, de leur beauté, de leur pouvoir de séduction, elles se comparent sans cesse à elles, les rabaissant. Elles leur signifient qu'elles ont été, ou sont, plus jolies, plus courtisées, plus aimées. Bref, elles sont à jamais l'impératrice et leur fille Cendrillon. De la même façon, de nombreux pères interdisent à leur(s) fils de les dépasser. Ils sont en compétition avec eux, menacés dans leur virilité. Quand ils jouent au tennis ou au scrabble, ils ne les laissent jamais gagner. Eux seuls savent travailler. « Les diplômes d'aujourd'hui ne valent rien par rapport à ceux d'hier. » La compétence, le savoir-faire sont leur apanage. « Les jeunes de votre époque sont des bons à rien. » Eux seuls savent penser. Leurs opinions politiques, sociales, religieuses, constituent la seule vérité. D'ailleurs, « Les autres sont des imbéciles, des nuls ». Ils sont à jamais souverains, patriarches, chefs, modèles. Leur fils n'est qu'un pâle reflet qu'ils jugent incapable d'accéder à leur niveau.

Les filles des pères terrorisants associent masculinité et frayeur. Certaines reproduisent ultérieurement avec les hommes des rapports amoureux et professionnels sadomasochistes. Elles sont la victime du bourreau réel — à travers lequel elles retrouvent leur père — ou du persécuteur fantasmé qu'elles imaginent ou qu'elles transforment peu à peu comme tel.

D'autres se rebellent, rejettent les hommes de manière générale ou essaient de les assujettir. Elles se vengent en devenant à leur tour comme leur père.

D'autres encore cherchent l'opposé et sont attirées par des hommes doux, silencieux, réservés.

Madeleine a eu un père extrêmement autoritaire. Il exigeait qu'elle soit toujours la première en classe. Il était médecin, elle devait l'être aussi et réussir l'internat des hôpitaux de Paris. Il la frappait souvent. Elle n'avait pas le droit de sortir ni de fréquenter des camarades masculins. La propre mère de Madeleine avait eu, elle-même, un père terrorisant. Elle accentuait inconsciemment le rôle de démiurge de son mari. Madeleine put commencer à vivre à la mort de son père qui coïncida avec sa majorité. Elle prit un emploi pour payer les études d'architecture dont elle rêvait. Avant d'effectuer sa psychothérapie en généalogie, sa vie avec les hommes était un enfer. Elle rencontrait toujours le même type d'homme : profession libérale, marié à son métier, cultivé, brillant, mais dénué d'affectivité. Sans s'en rendre compte, elle retrouvait constamment son père. Elle se dévouait corps et âme à ses amants qu'elle admirait, essayant désespérément d'être aimée et reconnue pour elle-même, ce que son père ne lui avait jamais accordé. Eux aussi en étaient incapables.

Beaucoup de pères patriarches rejettent leurs filles. Elles n'ont pas d'importance à leurs yeux, elles ne font pas partie du monde des hommes, le seul ayant droit à considération. Ils sont profondément misogynes. Leur(s) fille(s) ne mérite(nt) pas qu'on s'intéresse à elle(s). Pas de dialogue, pas d'échange, pas de compliments, pas de félicitations. Bien sûr, cela affecte gravement la vie de ces futures femmes. Une dévalorisation systématique, une blessure profonde perturbent leur image d'elle-même et leurs relations avec l'homme. Un travail sur soi est nécessaire pour retrouver leur identité.

Certains de ces pères « se réveillent » lorsque ces laissées-pour-compte deviennent pubères. C'est alors la valse des interdits et des injures. « Pas question que tu sortes », « Démaquille-toi immédiatement, tu as l'air d'une putain », « Toutes des chiennes », « Le premier qui te touche, je le descends», «Tu n'es qu'une aguicheuse». S'ajoute dans ce cas un tabou concernant la sexualité. Des filles épousent alors le premier venu pour fuir au plus vite la maison. Elles passent, croyant trouver enfin la liberté, de la domination du père à la dépendance vis-à-vis du mari qu'elles n'ont pas vraiment choisi.

Parlons maintenant du père répétiteur scolaire. Il a fait des études ou aurait aimé poursuivre sa formation. Il veut que ses «petits» réussissent et cherche à les aider, à les seconder. Parfois, cela se passe très bien, dans la douceur et la patience. Dans d'autres cas, cela tourne au drame. Notre père est anxieux, il s'affole, il crie, il frappe. «Tu n'es qu'un pauvre imbécile», «Comment j'ai fait pour avoir une fille aussi bête», «Tu ne comprendras jamais rien». Les devoirs deviennent une corvée, la scolarité un cauchemar. Sans parler de l'angoisse des contrôles et des examens. Plus tard, ces enfants devenus adultes ont beaucoup de mal à croire en leurs capacités, notamment intellectuelles et professionnelles.

Certains pères ont eu, pendant une période, d'importants soucis professionnels. Par exemple, ils ont fait faillite. Du jour au lendemain, les conditions de la vie familiale ont changé. Il a fallu déménager ou restreindre son train de vie. Les enfants perçoivent alors les angoisses de leurs parents. Surtout s'il n'y a pas d'explications, ils ressentent une insécurité qui se répète plus tard. D'autres, et cela est malheureusement de plus en plus fréquent, traversent une ou plusieurs périodes de chômage. L'extérieur devient menaçant. Si ces pères arrivent à dépasser la situation et à repartir avec dynamisme, fils et filles développent des potentialités d'adaptation et de reconversion.

Une patiente, dont le père a déposé trois fois son bilan, a appris, grâce à lui, que «Dans la vie, il faut savoir tout recommencer du jour au lendemain sans se décourager».

Paul est désabusé. Il termine ses études de commerce mais a le sentiment que « rien ne sert à rien ». Son père a été brusquement licencié à quarante-neuf ans. C'était un directeur commercial efficace, apprécié, mais la société pour laquelle il travaillait a été rachetée. Il n'a pas retrouvé d'emploi et, par la suite, a fait une grave dépression. Paul s'est identifié à son père en faisant les mêmes études que lui et mime son désespoir.

D'autres pères ont également des problèmes de travail parce qu'ils sont gravement malades ou victimes d'accident, professionnel ou non. Ils peuvent être handicapés à vie. Certains sont éloignés de leur famille par de longs séjours en hôpital, en centre de rééducation, en maison de repos. D'autres sont chez eux, parfois très proches de leurs enfants quand leur santé le permet. Ils ne pourront leur apprendre concrètement l'extérieur, la société, mais seront présents par leur dialogue, leur tendresse, leur intérêt pour la culture, le monde. D'autres encore sont complètement prostrés ou aigris.

Chaque cas est différent, mais devient source d'importantes identifications. Une patiente, pharmacienne, s'est écroulée en larmes quand elle a pris conscience que le choix de son métier était dû à son amour pour son père, atteint d'une grave maladie cardiaque, décédé alors qu'elle avait treize ans.

Christiane a épousé un homme paralysé à la suite d'un accident de moto. Son père était lui-même devenu hémiplégique lorsqu'elle avait sept ans.

Parlons maintenant des pères alcooliques. Là aussi, il existe différentes situations. Certaines de leurs filles, une fois adultes, sont angoissées par l'attente : leur mère guettait le retour de leur mari pendant des heures, se demandant dans quel état il allait rentrer. Des fils ont dû protéger physiquement leur mère, ou leur sœur, ou leur frère plus jeune, des accès de violence provoqués par l'alcool. Des épouses ont été systématiquement rouées de coups, de même que les enfants. Une patiente a failli être tuée par son beau-père atteint de delirium tremens le soir de Noël. Elle a gardé une tenace hostilité envers l'homme, perçu comme menaçant. Et pourtant, son mari est alcoolique et la frappe. Elle est venue me consulter pour trouver le courage de divorcer.

L'alcoolisme est souvent dû à des problèmes affectifs, à des perturbations psychiques. On sait maintenant qu'il peut être biologiquement lié à un état diabétique ou prédiabétique et aux conséquences du stress. Le drame est là : l'alcool est une drogue qui rend dépendant. Le père alcoolique est fréquemment vécu comme générateur de honte. Parfois, il faut chercher le père au café et le ramener comme on peut. Il n'est pas en état de se coucher lui-même. Il est considéré comme démissionnaire, incapable de prendre ses responsabilités, ou comme un ogre aux réactions imprévisibles et redoutées. Dans le fantasme des enfants et particulièrement des filles, l'alcoolisme est lié au viol et à l'inceste : acte sexuel imposé de force à la mère, brutalités pouvant déraper en attouchements ou tentatives de rapports avec les adolescentes.

Devenus adultes, certains fils ou filles ont horreur de l'alcool. Cela peut aller jusqu'à provoquer des scènes lorsque le conjoint touche au moindre apéritif ou verre de vin. D'autres reproduisent une alcoolodépendance ou un alcoolisme, notamment chez les hommes.

Étudions maintenant un type de père particulièrement dramatique, le père incestueux. Nous ne sommes pas là pour juger, mais pour aider. Il y a plusieurs types d'inceste.

Le père d'une patiente venait chaque matin dans sa chambre pour lui caresser les seins. Cet homme souffrait d'un narcissisme perturbé qui le faisait se contempler à travers elle. Un autre homme, divorcé, a vécu avec sa fille de dix-huit à vingt et un ans. Il dormait avec elle sans avoir de rapports. Depuis longtemps, il n'avait plus de vie sexuelle. Il vivait un grave conflit avec sa mère. D'autre part, on lui avait toujours préféré sa sœur. Ce qui le fascinait, c'était l'extraordinaire ressemblance de sa fille avec lui. Il s'allongeait près de son double féminin qui lui rappelait la jeune femme qu'il aurait dû être pour être aimé. Quand sa fille s'est enfin dégagée de l'emprise de son père et a rencontré un homme, il l'a mise à la porte et a immédiatement pris une maîtresse avec laquelle, bien sûr, il a des relations orageuses.

Dans d'autres cas, le père caresse sa fillette et exige qu'elle le masturbe. Un sexe d'homme adulte en érection est toujours terrifiant pour une petite fille. Ces hommes ne se rendent pas compte des conséquences de ce qu'ils font. Dans leur esprit, ils jouent « à touche-pipi ». Ils sont restés enfants, leur sexualité n'est pas parvenue psychologiquement à maturation. Souvent, ils n'ont pas eu de modèle de couple.

Les incestes les plus graves sont évidemment ceux qui vont jusqu'à l'acte sexuel. Cela conduit parfois à des grossesses. Selon les cas, il y a I.V.G. ou abandon de l'enfant, ou mise à distance. La femme du père présente ce bébé comme le sien ou la conception est tenue secrète. D'autres filles portent plainte, le père est emprisonné et condamné à des dommages et intérêts.

Ces hommes ont parfois eux-mêmes fait l'objet de violences homosexuelles pendant leur enfance ou leur adolescence. Il y a d'ailleurs beaucoup d'incestes hétérosexuels par sodomie. Souvent, on retrouve au niveau des grands-parents ou des arrière-grands-parents des comportements incestueux.

L'inceste est toujours vécu comme très douloureux par la fillette ou la jeune fille. Là aussi, c'est une indication absolue de travail psychologique pour se libérer de ce poids, souvent secret et honteux, et pouvoir vivre sa féminité et sa sexualité.

Il existe aussi des incestes entre pères et fils. Ils nécessitent également un travail sur soi pour se dégager de ce traumatisme.

Certaines mères sont incestueuses, mais le processus est différent. Il s'agit davantage de fusion corporelle que de rapports sexuels. Un patient a très mal vécu que sa mère lui montre concrètement comment embrasser une femme. Une patiente a été fort perturbée par sa mère qui lui écartait les jambes « pour voir comment elle était faite ». Elle exigeait par ailleurs qu'elle tienne le broc quand elle se faisait des injections vaginales.

Certains pères meurent. Quand les enfant sont très jeunes, du discours de la mère au sujet du père dépend l'aspect structurant des identifications. Certaines valorisent énormément le disparu qui devient un modèle pour les fils et l'homme idéal pour les filles. D'autres le critiquent, car elles ont été malheureuses. Il ne faut surtout pas lui ressembler ou rencontrer pareil individu. D'autres encore n'en parlent jamais. Ce père reste alors un inconnu. Parfois, on cache un suicide.

Quand fils et filles sont plus âgés au moment de la mort de leur père, le temps de nouer une relation spécifique et consciente avec cet homme leur a été accordé. Tout ce que nous avons dit précédemment sur les différents types de père est opérant.

Le fils dont le père est mort associe inconsciemment paternité et décès. Il s'ensuit une angoisse refoulée. Le mari d'une amie a perdu son père âgé de trente-six ans quand lui-même avait cinq ans et sa sœur, quelques semaines. Il a traversé une importante dépression à la naissance de son deuxième enfant, une fille. Son fils aîné avait cinq ans et lui, trente-six.

Les filles dans ce cas s'attachent souvent à des hommes qui « disparaissent ». Par exemple, leur conjoint s'absente fréquemment pour son travail ou est débordé par son activité professionnelle. Ou encore, elles aiment un amant marié, indisponible, ou nourrissent une passion pour un homme qui habite à des milliers de kilomètres. Parfois, elles traversent une crise de couple et expriment le désir de divorcer quand leur mari atteint l'âge que leur père avait à sa mort ou quand leur enfant atteint celui où elles l'ont perdu.

Des femmes veuves ne se remarient jamais, n'ont pas d'amants. Certaines ont été véritablement heureuses et vivent dans le souvenir du bonheur perdu, entourées de photographies du disparu. D'autres masquent, derrière un comportement de veuve « exemplaire », une solide haine à l'homme. « Plus jamais », pensent-elles sans l'avouer.

Parfois, des femmes vivent, quelque temps après, une existence parallèle inconnue de leur famille. Soit l'amant n'est pas libre, soit elles craignent de montrer à leurs enfants qu'elles ont une vie sexuelle, ou bien encore elles ont peur d'imposer un beau-père à la maison.

Dans d'autres cas, elles fondent un deuxième couple. Cet homme devient source d'identifications pour fils et filles, s'ajoutant à celles plus archaïques constituées par le père.

Bien différent est le père qui abandonne. Il y a celui qui se suicide. Les enfants ont l'impression qu'ils ne comptaient pas suffisamment pour maintenir leur père en vie et se culpabilisent. Cet homme a commis ce geste suite à de mau vaises affaires ou à des problèmes professionnels. Fils et filles assimilent que prendre des risques tue ou que le travail est insécurisant. Le suicide résulte quelquefois de circonstances passionnelles. Les enfants s'interrogent alors sur la responsabilité de leur mère, allant jusqu'à la fantasmer comme meurtrière.

Beaucoup plus fréquents sont les pères divorcés qui n'assument pas la pension alimentaire des enfants. Ceux-ci souffrent du manque de considération et de sens des responsabilités dont témoignent ces géniteurs. Ils entendent les conversations téléphoniques, les supplications, les injures. La mère a parfois recours à la justice. Fils et filles ont une image dévalorisée de la paternité et sont pris entre les parents tels marteau et enclume.

D'autres pères, pas forcément mariés, quittent plus ou moins tôt le domicile familial. Ils disparaissent sans laisser d'adresse. Ils ne revoient pas leurs enfants qui, généralement, cherchent plus tard à les retrouver, à les connaître, à les comprendre. Là encore, le discours de la mère est fondamental. Parallèlement, ces délaissés fantasment sur leur père. Tour à tour, c'est un aventurier, un héros, un lâche, un incapable, un mécréant. Infériorisés, ils se vivent comme indignes d'intérêt puisque leur père ne s'est pas occupé d'eux.

Certains pères n'ont pas reconnu leur enfant. Plusieurs cas de figure sont possibles. Une patiente est le fruit d'un amour proscrit par la famille du père. L'amante était de l'Assistance Publique. Les parents du garçon ont exigé qu'il épouse la fiancée choisie par eux, leur convenant socialement et financièrement.

Certaines naissances sont dues à des liaisons illégitimes, l'amant ou l'amante étant marié(e).

D'autres femmes ont eu une aventure et n'ont pas dit qu'elles étaient enceintes, préférant élever seule leur enfant plutôt que d'envisager de vivre avec un quasi-inconnu.

La contraception entraîne parfois des situations difficiles pour les hommes. Ils croient leur maîtresse protégée et celle-ci leur annonce qu'elle attend un bébé. Pris au piège, beaucoup fuient cette situation qu'ils n'ont pas choisie. Ils ne se sentent pas concernés ni prêts à assumer. Ce n'est pas pour autant psychologiquement confortable.

Comme nous l'avons déjà dit, tout enfant abandonné croit que cette désertion lui est imputable, qu'il n'est pas digne d'être aimé et considéré. La plupart cherchent ultérieurement à retrouver ce père.

Certains seront reconnus légalement par leur beau-père, la mère s'étant ensuite mariée. Ce dernier est source majeure d'identifications, mais le père génétique à travers les paroles de la mère, l'inconscient et le propre imaginaire de l'enfant, compte néanmoins.

D'autres sont élevés par leur père légal, ne sachant que tardivement qu'ils sont le fruit d'une liaison. Pour eux, généralement, celui qui les a éduqués est la base même de leur structure. Le géniteur intervient cependant sur un plan inconscient, entraînant certaines répétitions.

DES EXEMPLES D'HOMMES

Notre père, comme notre mère, n'est pas uniquement « un parent ». Nous avons vu qu'il est important d'appréhender notre mère en tant que femme. Il en est de même pour notre père en tant qu'homme. Selon sa personnalité, nous nous identifions et répétons ce modèle en scénario ou contre-scénario.

Quel homme est notre père sur le plan corporel ? Comme nous l'avons déjà dit, le père nous apporte l'expérience du monde extérieur. Est-il sportif ou non ? Pratique-t-il des sports de groupe ou des sports solitaires ? J'ai eu l'occasion de travailler la psychogénéalogie de plusieurs sœurs issues de la même famille. Leur père décédé était un grand marcheur, amoureux de la montagne, du ski, de l'escalade. C'était un homme élégant, soucieux de sa forme physique, souci accentué par le fait qu'il travaillait dans la haute couture. Bien que leur vécu psychogénéalogique soit spécifique à chacune, toutes avaient en commun le goût des sports d'hiver, des vacances d'été en altitude, de la minceur, de l'esthétique.

Notre père est-il ce que l'on a coutume d'appeler « un bon vivant » ? Un patient dont le père était en conflit avec sa femme a pris en horreur tout ce qui ressemble à des repas interminables, bien arrosés, entre copains chasseurs ou pêcheurs. Il prenait parti pour sa mère et ne voulait surtout pas ressembler à cet homme paillard, rubicond, obèse. Avant de me consulter, il avait fait le tour de toutes les disciplines ascétiques. Il a été végétarien, adepte de la macrobiotique, du yoga, pratiqua la méditation zen, terrorisé à l'idée de prendre du poids.

À l'inverse, une patiente a été initiée à la gastronomie et à l'œnologie par l'homme gourmet et raffiné qu'est son père. Dès son mariage, elle a constitué un début de cave et enseigne les subtilités de la conservation et de la dégustation du vin à son mari.

Avons-nous l'habitude de voir cet homme ne rien faire à la maison ? Cela conditionne nos rapports avec nos conjoints. Telle femme dont la mère a été « aux petits soins » pour son mari reproduit cette même sollicitude avec l'homme de sa vie. Tout tourne autour de lui, tout est fait en fonction de lui. Telle autre ne veut à aucun prix avoir cette attitude qu'elle juge servile. « Ne jamais être une servante. » Tel fils joue le même rôle de « pacha ». Être homme, c'est « mettre les pieds sous la table », comme le faisait son père. Tel autre, en révolte contre ce modèle, aide volontiers sa compagne, partageant les tâches.

Dans d'autres cas, nous reproduisons généralement l'homme qui est notre père. Nous trouvons normal, comme lui, de partager les obligations ménagères, de faire ensemble ou de répartir les courses, de payer une femme de ménage pour nous seconder.

Parfois, nous nous occupons comme notre père de bricoler, de tondre la pelouse, de réparer la voiture, tandis que notre femme gère la maison.

L'automobile est-elle importante pour notre père ? N'en a-t-il jamais acheté et en rêvait-il ? Est-ce avant tout un moyen de transport utile ou un élément de standing ? Des femmes sont effrayées quand leur conjoint conduit parce que leur père se défoulait au volant, injuriait les autres conducteurs, prenait des risques injustifiés. Avons-nous la même façon de conduire que notre père ? Un patient adore faire l'amour dans sa voiture, malgré les réticences de son amie qui craint qu'on les surprenne. Sur son insistance, sa mère finit par lui avouer, rougissante, qu'il avait été conçu dans ces conditions. Nous avons bien ri !

La façon dont cet homme, notre père, gagne, dépense et gère l'argent est fondamentale pour nous. Une amie a toujours vu sa mère entretenir financièrement le père, artiste. Il peignait, avec des revenus en dents de scie. La mère avait une situation solide qui amenait la sécurité au foyer. Ni ses deux maris, puis ses amants n'ont jamais donné d'argent à cette amie qui trouve cette attitude tout à fait normale. En souriant, elle m'a répondu que l'inverse — se faire entretenir — ne lui était jamais venu à l'esprit.

Comme cet homme ou à son opposé, il y a de fortes chances que nous soyons Harpagon ou Harpagone, généreux ou généreuse, dépensier ou dépensière, endetté(e), investisseur ou investisseuse, entreprenant ou entreprenante, bâtisseur ou bâtisseuse. Certains pères joueurs ont profondément marqué leurs enfants par cette passion dangereuse.

Une patiente a perdu son père à l'âge de onze ans. Un de ses derniers cadeaux avant sa mort fut une tirelire. Avant son travail psychogénéalogique, elle a passé son temps à faire des économies en se refusant le plaisir de vivre.

Quels rapports cet homme entretient-il avec les voyages ? Ne sommes-nous jamais partis en vacances ? Allions-nous toujours au même endroit ? Visitions-nous la France ou des pays étrangers ? Si notre père est casanier, il est souvent difficile pour nous de faire de nouvelles expériences. Nous n'aimons pas le changement. Au contraire, si cet homme aime découvrir, explorer, nous sommes naturellement entraînés à en faire autant.

Comment notre père vit-il sa sexualité ? Que nous soyons fille ou garçon, c'est un aspect capital pour nos identifications. Là encore, le discours de la mère est important.

Nous avons pour père un homme fidèle. Plusieurs cas de figure sont possibles. Il aime notre mère et est heureux sexuellement avec elle. Quel bonheur ! Cela nous montre qu'une relation harmonieuse entre un homme et une femme est possible et nous nous structurons sur cette identification.

Cet homme est parfois asexué. Au fond, la relation charnelle ne l'intéresse pas. Certains couples cessent très rapidement toute vie sexuelle et l'inconscient de l'enfant ou des enfants le perçoit. Quelquefois, il y a des signes tangibles : les parents font chambre à part. Certaines mères confient aux adolescent(e)s que leur père est impuissant. C'est généralement un choc qui affecte l'image du père dans sa force et ses capacités. C'est également difficile d'entendre de la part de cet homme qu'il n'a jamais eu de plaisir avec notre mère, qu'elle est froide, frigide ou bloquée.

On n'aime pas être confident ou confidente des problèmes sexuels du couple parental.

Souvent, cet homme est attiré par d'autres femmes. Certains, discrets, vivent des aventures sans que la famille ne le sache consciemment. Pour beaucoup d'êtres masculins, il y a scission entre la sexualité et l'affectif. C'est généralement difficile à accepter pour une femme qui, au contraire, relie les deux. Autrement dit, un mari peut très bien aimer sa femme et en désirer d'autres. Au contraire, une épouse heureuse, en général, ne « regarde » que son conjoint.

D'autres ne se bornent pas à des aventures sans lendemain, mais développent une ou des liaisons parallèlement à leur vie conjugale. En général, intuitive, l'épouse s'en aperçoit. Certaines femmes sont d'ailleurs tellement peu sécurisées qu'elles fouillent systématiquement, depuis leur mariage, l'agenda, les poches, les factures bancaires, etc.

Alors, le drame commence. Quelques-unes bien qu'ulcérées ne disent rien, ne font aucun reproche. Dans ce cas, généralement, l'épouse l'emporte. Au fil du temps, peu à peu, la maîtresse est évincée. Parfois, elles deviennent la confidente de leur mari tiraillé entre ses amours. Il ne veut, il ne peut pour l'instant renoncer ni à sa femme ni à sa maîtresse. Souvent, les conjointes somatisent, développent à ce moment-là eczéma, asthme, allergie, maux d'estomac, voire des maladies plus graves.

Quand ils sont jeunes, les enfants ne sont pas mêlés à cette histoire bien qu'ils ressentent un malaise. Plus âgés, ils essaient fréquemment de défendre et de reconstituer le couple des parents.

D'autres femmes explosent : « Tu es un salaud », « Je vais la tuer, la défigurer, la vitrioler », « Tu mériterais que je te descende », « Comment as-tu pu me faire ça ? », « Qu'est-ce qu'elle a de mieux que moi ? ». La vie à la maison devient un enfer. Les enfants sont au courant. Il faut prendre parti pour l'un ou pour l'autre. Ils sont déchirés. Pour la plupart, cet homme qu'est leur père est un bourreau qui fait le malheur de leur mère, la sexualité masculine engendre le pire. Ils se sentent abandonnés, avec le sentiment qu'ils ne font pas le poids. Plus rarement, certains enfants et particulièrement les adolescentes prennent parti pour ce père qui, après tout, est un homme séduisant, capable de plaire à une autre, malgré ce qu'en dit leur mère.

Certaines épouses exigent de voir la rivale ou lui téléphonent, la menaçant et la culpabilisant. D'autres, si elle est mariée, mettent au courant son conjoint.

D'autres encore choisissent de divorcer. C'est la femme qui la plupart du temps prend cette décision.

Parfois la maîtresse aussi fait des scènes. Elle veut vivre avec cet homme. À choisir entre deux tempêtes, le mari retourne au bercail.

Il arrive que le couple de nos parents ne fonctionne plus depuis longtemps. Il y a crise. C'est alors que notre père, jusque-là fidèle, rencontre un nouvel amour qui lui apporte ce dont il a besoin. Surtout si cette compagne est patiente et lui fait comprendre que ce n'est pas à cause d'elle qu'il se sépare, mais parce qu'il n'est plus heureux, alors cet homme a parfois le courage de demander le divorce.

Quelle éducation sexuelle notre père nous a-t-il donnée ? Si nous sommes fils, que nous a-t-il dit de la tendresse, de la séduction, de la façon de communiquer avec les femmes, de l'érotisme, de la contraception ? Fréquemment, c'est le silence complet. Dans d'autres cas, s'expriment la vulgarité, la grivoiserie, le mépris de l'autre sexe et donc du sien. Heureusement, des pères enseignent discrètement et respectueusement à leur fils les raffinements, les subtilités de l'art sensuel et sexuel. Certains adolescents apprennent ainsi que la jouissance masculine n'est pas une simple masturbation dans un sexe féminin, que l'orgasme d'un homme n'est pas seulement lié à l'éjaculation, mais se multiplie, s'enrichit par le plaisir de la femme.

Si nous sommes filles, notre père, comme souvent, est-il resté muet sur ce sujet ? Quelle image nous a-t-il donnée de notre séduction ? Que nous a-t-il dit des hommes ? Quels interdits nous a-t-il imposés, quelles libertés nous a-t-il données ? Le père d'une patiente lui a constamment répété : « Il ne faut jamais coucher avec un homme avant le mariage. Quand ils ont ce qu'ils veulent, ils te laissent tomber après. » Un autre a dit à sa fille : « Ma chérie, il n'y a pas de femmes frigides, il n'y a que des hommes maladroits. » Vous imaginez sans peine les différences d'identification et leurs conséquences.

Quel homme notre père est-il sur le plan affectif ? À travers lui, comment nous sommes-nous identifié(e) ? Sommes-nous, comme lui, gai(e), optimiste, plein(e) d'espoir ? Nous a-t-il appris à rire y compris de nous-même, à expérimenter, à se relever après une difficulté ou un échec ? Nous a-t-il donné confiance en nous ? Est-ce un homme discret, effacé ? Est-il triste, renfermé ? En tant que fille, nous serons attirée par le même type d'homme ou nous chercherons l'opposé. En tant que fils, nous reproduirons la même attitude ou son inverse.

Une patiente, Chantal, a eu un père passionné par un travail qui impliquait de grosses responsabilités. Il était très peu présent, mais lorsqu'il était là, c'était la fête : sorties dans les meilleurs restaurants, voyages dans des hôtels somptueux. Elle exerce aujourd'hui la même profession dans les mêmes conditions. Elle n'a pas de place dans sa vie pour un mari et des enfants. Pour elle, le plaisir, ce sont les moments d'exception : dîners raffinés, week-ends de rêve.

À l'opposé, Barbara a eu un père actif à la maison. C'était un homme tendre, discret, de situation modeste qui secondait très efficacement son épouse. Pour elle, le comble du bonheur c'est un compagnonnage vécu au quotidien, un partage égal des soins et de l'éducation donnés aux enfants.

Le père de Bernard ne disait jamais rien à la maison. Son épouse, comme sa propre mère, était très autoritaire. Il ne la contrariait pas et la laissait organiser la vie de famille. Bernard a épousé une femme douce et affectueuse, le contraire de sa mère et de sa grand-mère paternelle. Avant de faire un travail sur lui, mimant son père, il se sentait incapable d'exprimer ses désirs, ses opinions, ses émotions. Il en souffrait beaucoup ainsi que son épouse, aspirant tous deux à un vrai dialogue.

Le père d'une patiente a emmené tendrement mais fermement sa fille passer son bac alors qu'elle n'avait fait aucune révision, atteinte d'une hépatite virale. « Ma fille, l'échec, c'est de ne pas tenter ; essaie quand même, tu n'as rien à perdre. » Elle a eu son examen et n'abdique plus jamais devant l'adversité.

Enfin, il est également important de considérer les valeurs de notre père sur le plan intellectuel. Par exemple, est-ce que pour lui, seuls les garçons doivent faire des études ? Quelles sont ses références ? Aime-t-il la littérature ou les sciences ? N'a-t-il pas pu poursuivre sa scolarité et attache-t-il beaucoup d'importance aux diplômes ? Au contraire, a-t-il avant tout le sens pratique ou des dons manuels ? Est-ce la réussite par le sens des affaires qui est valorisée ?

Cet homme s'inscrit-il dans une lignée professionnelle ? Ainsi, il existe des familles de cultivateurs, d'artisans, d'ouvriers, de commerçants, de marins, de représentants, d'enseignants, de médecins, de notaires, d'avocats, de militaires, d'artistes, etc. À chacun de ces clans appartiennent mentalité, façon de vivre, coutumes, conception de la société, bien particulières. En tant qu'enfant, nous nous identifions comme l'ont fait notre père, nos oncles, notre grand-père, voire notre arrière-grand-père et les femmes de ceux-ci.

Quels sont les rapports de cet homme avec les quotidiens, les hebdomadaires, les mensuels. Écoute-t-il la radio, regarde-t-il la télévision ? Certains pères passent leurs soirées et leurs week-ends à contempler l'écran, « se vidant la tête », et ne communiquent pas avec leur famille. Le rapport de l'homme avec le visuel est très différent de celui de la femme. L'érotisation passe chez lui par la vue. C'est ce qui explique cette fascination pour l'écran où défilent des images. Je ne voudrais pas vexer la gent féminine, car beaucoup de femmes savent merveilleusement utiliser un ordinateur. Il n'empêche que la plupart des grands créateurs en informatique sont des hommes et généralement, c'est quand même le père qui initie ses enfants à ce domaine.

Cet homme aime-t-il lire, écouter de la musique ? Fréquente-t-il les musées ? A-t-il lui-même des dons artistiques ? Souvent, des patients ont souffert de l'absence de leur père, cultivé, érudit, qui passait de longues heures, solitaire dans son bureau. D'autres regrettent amèrement que cet homme ne leur ait pas enseigné, transmis sa pratique de la peinture, de l'aquarelle, du piano, du saxo, de l'accordéon, de la photographie, de l'ébénisterie, du bricolage, etc.

Quelles sont les idées politiques de notre père ? En fait, le vote est généralement psychogénéalogique. On fait confiance à la droite ou à la gauche selon notre éducation. On reproduit notre famille par similitude ou par opposition. Une patiente, élue socialiste, milite depuis son adolescence. Sa famille est d'origine modeste et estime que la gauche amène à plus d'égalité et de justice. Un patient, fils d'un ancien résistant, gaulliste de tradition et violemment anticommuniste, est élu R.P.R. À l'inverse, beaucoup de fils et de filles de notables ont participé aux « barricades » de 1968 dans l'espoir d'un ordre nouveau, opposé à ce qu'ils considéraient comme la sclérose bourgeoise de leur famille.

Quelles sont les références morales de notre père ? C'est lui qui transmet la loi et la conception qu'il en a. Notre vision de l'honnêteté, de la justice, de la société sont des identifications à son système de valeurs.

D'autre part, quelles sont les croyances religieuses de cet homme ? Est-il pratiquant, agnostique, farouchement anticlérical ? Prône-t-il l'athéisme ? Se moque-t-il de notre mère qui est toujours « fourrée » à l'église ou partage-t-il les mêmes convictions ? Les unions entre un homme juif et une femme d'une autre confession posent parfois des problèmes épineux. Certains enfants, particulièrement attachés à leur père, embrassent la religion juive. Il n'en reste pas moins que la race est transmise par la mère et qu'ils sont donc convertis juifs sans l'être de naissance. Cela peut devenir source de souffrance, notamment au moment de leur mariage et pour les femmes dans ce cas, à propos de leur propre descendance.

LES IDENTIFICATIONS AU COUPLE

Les identifications que nous faisons au couple de nos parents constituent une phase déterminante de la construction de notre psychisme. Ce qui est spécifique à ces identifications est que nous assimilons alors non pas une personne mais une relation, non pas un individu mais une communication entre deux êtres sexués ou plusieurs, dans le cas de liaison(s) ou de remariage(s).

Cela constitue une étape essentielle de la psychogénéalogie. À travers la relation de couple de nos parents se jouent, pour nous, l'apprentissage, l'intégration de la sexualité, de l'amour, de la relation entre homme et femme. Encore une fois, l'enfant que nous sommes prend comme modèle, comme seule et unique vérité, le type de rapports que nos parents ont entre eux.

Même dans le cas de familles monoparentales, l'enfant « sait » qu'il est au cœur d'un triangle.

Prenons le cas le plus simple et généralement le plus facile à vivre. Nos parents se sont mariés parce qu'ils s'aimaient et ils ont vécu toute leur vie ensemble dans une bonne entente.

Chaque couple est particulier. Pour nous comprendre, il est nécessaire d'analyser les bases de l'harmonie parentale. Une patiente, issue d'une famille nombreuse à la campagne, me confiait que ses parents, après le déjeuner, envoyaient tous les enfants jouer dans la cour de la ferme parce qu'« ils prenaient le café du pauvre ». Plus grande, elle a compris qu'ils avaient une vie sexuelle intense et que ce « café du pauvre » consistait en une sieste amoureuse. Elle attache elle-même beaucoup d'importance à la sexualité, vécue en harmonie avec son mari.

Certains couples ont une vie intime très dense qui fait que leurs enfants se sentent exclus de cette bulle de bonheur.

Comment s'exprime l'amour entre nos parents ? Certains enfants assistent à des manifestations de tendresse, d'affection, de désir, de séduction. Par exemple, nos parents s'embrassent-ils quand ils se retrouvent le soir ? Notre père prend-il notre mère dans ses bras ? Le couple a-t-il des gestes tendres dans la vie quotidienne, à la maison, à l'extérieur, au cinéma, en vacances, chez des amis ? Notre père offre-t-il des fleurs à notre mère ? Nos parents se font-ils mutuellement des cadeaux, célèbrent-ils anniversaires, date de mariage, Saint-Valentin ? Ont-ils un code amoureux, s'appellent-ils par leurs prénoms ou par des petits noms affectueux ? Ce n'est évidemment pas pareil d'avoir entendu ses parents se dire « Ma chérie » ou « Mon amour » que « Papa » ou « Maman » ou pire encore, s'adresser des insultes réciproques. Nos parents cherchent-ils à se faire plaisir l'un à l'autre ? Notre mère, par exemple, cuisine-t-elle les plats préférés de notre père ? S'habille-t-elle en bleu parce qu'il adore cette couleur ou garde-t-elle les cheveux longs parce qu'il aime ça ? Notre père lui offre-t-il son parfum favori ou des bijoux ? La soulage-t-il de tâches ménagères rébarbatives, descend-il la poubelle, porte-t-il les paquets et les bagages ? Est-ce que, dans notre enfance, l'amour entre un homme et une femme nous a paru possible, souhaitable, vivable, heureux ?

J'ai constaté que la plupart de mes patients ont une

énorme difficulté à fantasmer la vie sexuelle de leurs parents. Même quand ils ont des frères et sœurs plus jeunes, ce qui témoigne concrètement d'actes sexuels. L'être humain a beaucoup de mal à imaginer son père et sa mère capables de faire l'amour. Cela renvoie bien sûr à toutes les théories analytiques sur le désir, l'interdit de l'inceste, etc. À mon avis, le débat est loin d'être clos et il est probable que dans les années à venir, nous évoluerons beaucoup dans cette exploration du psychisme humain.

Je ne pense pas que le désir d'un fils soit de coucher avec sa mère et que le désir d'une fille soit de coucher avec son père. Par contre, il me paraît évident qu'il y a érotisation de la relation, ce qui est de l'ordre de vouloir être aimé(e), être reconnu(e), être identifié(e). Le lien de l'enfant avec le parent du sexe opposé est teinté de séduction et a pour conséquence que celui-ci, par définition différent, permette au fils et à la fille de se percevoir comme être sexué. Il semble que pour se protéger, l'enfant ne veuille voir ni sa mère ni son père comme des êtres sexuels désirants. Il se pourrait que le désir de l'inceste ne vienne que de l'adulte non mature dans sa paternité ou sa maternité et que l'enfant, spontanément, mette entre parenthèses cette pulsion par un processus d'idéalisation. L'adolescent recherche une femme qui lui rappelle sa mère, mais pas Maman. De même la fille est attirée par un homme qui ressemble à son père mais pas Papa.

J'ai constaté également que lorsque des enfants ou des adolescents font irruption dans la chambre des parents en train de faire l'amour ou, d'une manière ou d'une autre, assistent, même furtivement, à des scènes sexuelles, ils sont en proie à des sentiments de haine. C'est un phénomène très complexe. Je crois simpliste de l'analyser comme la volonté de tuer le parent du même sexe pour prendre sa place auprès du parent du sexe opposé. Pour l'enfant, la sexualité est symbole de violence, de vie et de mort. La plupart de mes patients ont éprouvé, outre le ressentiment envers les deux parents ou l'un des conjoints, pas forcément du même sexe d'ailleurs, un sentiment de dégoût, de rejet.

Tout se passe comme si l'enfant voulait avoir accès au corps de ses parents sans qu'il soit mis en danger. À la puberté, tout naturellement, parce qu'ils deviennent eux-mêmes êtres désirants, fils et filles distancient leurs relations physiques, corporelles, affectives. L'intérêt de l'adolescent (e) équilibré(e) se porte alors vers l'extérieur.

Notre mère et notre père peuvent bien s'entendre sans qu'il y ait toutefois de manifestations d'affection, de tendresse, de complicité amoureuse. Par exemple, nos parents se sont unis pour fonder une famille. Les enfants constituent leur lien, leur sujet de préoccupation essentiel. Ils sont en accord en tant qu'éducateurs, complémentaires l'un de l'autre. Souvent, ils existent peu en tant qu'individus. Ils sont eux-mêmes issus de familles très unies ou, au contraire, ils ont beaucoup manqué d'amour, de chaleur, d'affection dans leur enfance. Ils veulent créer un nid. Nous avons parfois du mal à être adulte, à sortir du cocon. Nous sommes inquiets quant à l'avenir de nos parents lorsque nous serons partis. Ce type de couple parental supporte mal qu'il puisse y avoir des divergences entre leurs enfants devenus adultes. C'est très important pour eux que le clan subsiste, qu'il n'y ait pas de conflits entre frères et sœurs, que l'unité familiale ne se dégrade pas.

Autre exemple, nos parents constituent un couple d'associés. Ils créent une famille par obédience aux règles de l'Église. Ils sont unis, par exemple, en fonction d'une même croyance religieuse. Leur union, bénie par Dieu, est indestructible. Le divorce est interdit et ils mettent tout en œuvre pour s'entendre, même au prix de leur propre personnalité. Ils obéissent à des fonctions : notre mère est soumise, dévouée, fidèle, maîtresse de maison appliquée, elle élève ses enfants dans la bonne éducation, la morale, le droit chemin. Notre père prend les décisions importantes, travaille à la sueur de son front pour nourrir sa famille, on peut compter sur lui. Nous avons des parents qui accomplissent leur devoir.

Certains couples sont associés par l'argent. Le mariage a été décidé parce qu'ils étaient du même milieu, parce qu'ils rassemblaient des capitaux. Leur union fait partie de la société à laquelle ils appartiennent. D'autres couples sont liés financièrement selon des modalités différentes. Par exemple, ils conjuguent leurs efforts et leurs deux salaires qui leur donnent une vie confortable. Ou père et mère travaillent ensemble. Ils tiennent un commerce, dirigent une entreprise, exercent des professions libérales complémentaires, etc. L'insertion professionnelle et sociale soude leur entente.

D'autres couples se sont formés dans le cadre d'une appartenance à un mouvement politique. Ce sont des militants qui mettent leur vie au service des idéaux de leur parti.

Malheureusement, beaucoup de couples sont en conflit. Certains ne se quittent pourtant jamais. Enfants, nous sommes dans une situation délicate. Fréquemment, nos parents disent ne pas vouloir se séparer à cause de nous. Nous voilà culpabilisés de faire leur malheur et pourtant, bien que nous soyons aujourd'hui adultes, ces mêmes parents sont toujours ensemble. La haine est un lien aussi puissant que l'amour. Elle prend de multiples aspects. Soit elle est extériorisée par des mots. Nous vivons alors au milieu des cris, des disputes, des scènes, des bouderies, des insultes. Elle peut aussi s'exprimer par des gestes : coups, bagarres, objets cassés. Cela va parfois jusqu'à des accidents provoqués ou des menaces de mort. Soit l'hostilité est silencieuse. Rien ne se dit mais on n'en pense pas moins. Les enfants grandissent dans une atmosphère irrespirable, sous une chape de plomb.

Ils intègrent le couple comme un champ de bataille et sont écartelés. Tout fils, toute fille aime son père et sa mère. Dans ce cas, quand on aime Maman, il faut détester Papa et vice versa. On apprend à aimer contre, à prendre parti, à critiquer, à condamner, à défendre, parfois même physiquement. Quand un couple ne s'entend pas, c'est, hélas, aux yeux de chaque conjoint « la faute à l'autre » et les enfants deviennent jurés au tribunal.

Des époux ne se séparent pas pour de multiples raisons. Règne dans certains cas la terreur. Papa menace de tuer Maman, de kidnapper les enfants si elle part. Maman parle de se suicider ou de tuer la maîtresse de Papa s'il la rejoint. Ou des impératifs économiques entraînent le maintien de l'union. Par exemple, avant son mariage ou en se mariant, notre mère n'exerce pas de profession ou l'abandonne.

Si elle divorce, elle se retrouve sans métier et sans revenus suffisants. Ou encore, notre mère a apporté une dot qui est placée dans les affaires de notre père. Ou bien notre père doit alors verser à notre mère la moitié des biens, de la valeur de la clientèle, du capital de l'entreprise.

Et puis, il y a le « qu'en-dira-t-on », le poids des deux familles. Maman refuse de se séparer parce qu'elle serait mal jugée par son propre père, elle deviendrait « celle par qui le scandale arrive ». Pour la même raison, notre père ne veut pas bouleverser les traditions familiales héritées de ses parents. S'ajoute la pression des proches, des amis, de la société, de la religion. Et puis cela n'est que rarement dit, mais beaucoup préfèrent encore un couple bancal à la solitude.

Nos parents sont divorcés. Il est bien évident que selon l'âge que nous avons lors de la rupture, nos identifications au couple parental sont différentes. Les mentalités ont changé. Pour les générations précédentes, le divorce était socialement beaucoup plus grave. Peu de couples se séparaient et l'enfant se sentait alors une exception, parfois mis au ban de la société. Position complètement différente aujourd'hui.

Certains parents ont l'intelligence de se quitter sans mêler fils et filles à leurs conflits d'adultes tout en maintenant leur rôle de père et de mère. Ils s'entendent suffisamment pour assumer en harmonie leur fonction parentale.

Malheureusement, cela ne se passe pas toujours ainsi. Des enfants, des adolescent(e)s sont l'otage d'un des parents contre l'autre. Là encore, on nous demande de prendre parti. Certaines femmes montent leur(s) enfant(s) contre leur père, menaçant gravement le développement de la relation avec lui. D'autres les empêchent de le voir. Souvent, à leur majorité, ces fils et ces filles reprennent contact avec ce père exclu.

Parfois, c'est le père qui a la garde des enfants et fait de même concernant leur mère, la critiquant constamment.

Certains divorces donnent lieu à des batailles juridiques de plusieurs années. Les enfants sont ballottés dans ces remous.

Bien différentes sont les séparations où les parents retrouvent un équilibre. Les enfants ont à leur disposition plusieurs modèles d'identifications selon que l'un ou les deux parents ont refait leur vie. La fratrie peut être enrichie de plusieurs demi-frères ou demi-sœurs. Chaque cas est différent et vécu plus ou moins facilement. De plus en plus d'identifications se font à partir de familles polynucléaires.

LES IDENTIFICATIONS AUX FRÈRES ET AUX SŒURS

Si nous sommes tous nés de la rencontre d'un homme et d'une femme — hormis les récentes et rares techniques de fécondation et conception assistées — nous n'avons pas obligatoirement de frères ou de sœurs.

Nous pouvons être enfant unique. Nous pouvons aussi être le seul enfant vivant mais notre mère a fait avant ou après nous des fausses couches spontanées ou des interruptions volontaires de grossesse. Parfois, nous avons perdu un frère ou une sœur, décédé(e) avant ou après notre naissance.

Des cousins et cousines jouent souvent psychologiquement le rôle d'une fratrie élargie. Dans certains cas, des enfants de la parenté ou d'amis de nos parents sont très proches de nous. Plus rarement, ils ont même partagé la vie de la famille au quotidien pendant une ou plusieurs années.

Il devient de plus en plus fréquent que nous ayons des demi-frères ou des demi-sœurs, issus de couples précédents ou d'unions ultérieures de nos parents. Ils vivent avec nous ou ne sont là que certains week-ends, pendant les vacances, ou à des moments privilégiés. Il arrive qu'on ne les connaisse pas.

Psychogénéalogiquement, les frères et sœurs suscitent des identifications par comparaisons. Nous construisons notre moi par différenciation d'avec notre fratrie, nos cousins et cousines, nos camarades. Le processus est accentué par le système scolaire où les aptitudes de l'enfant sont définies et classées de façon sélective.

Pour être aimé(e) de nos parents et de notre famille, pour avoir notre place, nous combattons de façon farouche. Il en va de notre survie.

Nous modelons notre personnalité selon deux axes : tout d'abord, nous nous dépossédons des caractéristiques physiques, affectives, intellectuelles, sexuelles, qui sont conférées à nos frères et sœurs par notre famille.

Ensuite, nous entrons en rivalité en développant, par opposition ou par compétition, des éléments qui deviennent notre spécificité, notre identité.

Au lieu d'être nous-même, tout simplement, nous nous déformons pour devenir objet d'amour privilégié. Cela nous conduit parfois à épanouir certaines potentialités, certains dons. Malheureusement, plus fréquemment, cela nous bloque, nous ampute. Et comme nous croyons profondément à toutes ces identifications comparatives, nous ne cessons de répéter ultérieurement ces mécanismes dans nos relations avec les autres.

DES EXEMPLES D'IDENTIFICATIONS DANS LA FRATRIE

Je n'ai pratiquement jamais rencontré de patients qui soient contents de leur physique. À la rigueur, certaines parties de leur corps leur conviennent mais pas l'ensemble. Deux facteurs semblent en cause.

Le premier est inhérent à notre nature humaine. Alors que notre esprit pourrait, s'il n'était pas conditionné par notre éducation, tout imaginer, tout concevoir, notre corps est par définition une somme de limites. À cet instant, il vous est possible de penser que vous êtes à New York, en Australie, sur la Lune. De même, il vous est permis de fantasmer la préhistoire, le Moyen Âge ou le troisième millénaire. Notre esprit est au-delà de l'espace et du temps. Notre corps, lui, vit ici et maintenant.

Dès notre conception, nous sommes génétiquement sexué(e). Nous voilà privé(e), par notre corps toujours, de la moitié de l'expérience de l'humanité. Fille, nous ne vivrons jamais de l'intérieur l'expérience d'un corps d'homme. Fils, nous ne connaîtrons jamais non plus le vécu du corps féminin. Il nous est impossible d'être à la fois blond, roux, brun, grand et petit, d'avoir les yeux bleus, bruns, noisette et noirs. Or, nous voudrions tout. Alors, ce que nous avons ne nous plaît pas.

Ce corps obéit à certaines lois biologiques. Il est soumis

à des cycles : la puberté, la ménopause, l'andropause. Il ressent parfois d'intenses douleurs, il peut être handicapé, il vieillit et au bout du compte, il meurt. Ce corps que nous critiquons, que nous comparons, que nous n'aimons que bien peu, que nous fuyons, est pourtant notre habitacle le plus précieux.

Le second facteur de rejet est psychogénéalogique. Par leurs projections, les membres de notre famille morcellent et étiquettent notre physique. En grandissant, nous continuons le processus par le biais des comparaisons avec nos frères et sœurs, nos cousins et cousines. Nous sommes petits parce que notre frère est plus grand, et inversement. Dans des familles de couleur, le critère de beauté est d'avoir la peau la plus claire possible. À l'inverse, des personnes se désespèrent de leur teint laiteux, ne parvenant pas à bronzer. Tel adolescent ou adolescente se considère trop gros(se) bien qu'harmonieusement proportionné(e) parce qu'un frère ou une sœur a une morphologie longiligne. Les filles sont souvent angoissées par leurs mensurations, leurs tours de poitrine, de taille, de hanches. Les garçons se préoccupent davantage de leur grandeur, des dimensions de leur sexe et du volume de leurs épaules et cage thoracique. Que de dévalorisations par rapport à la taille du pénis au repos proviennent de souvenirs compétitifs avec des frères aînés, des cousins, des camarades d'école. Le sexe du père est généralement fantasmé comme herculéen. Quant à l'angoisse concernant la taille du sexe en érection, elle fait la belle fortune des livres pornographiques et des films classés X.

Il y a rarement dans la même famille deux filles considérées comme différemment mais également jolies. L'une a comme définition d'être la « belle », même si elle n'en est pas vraiment persuadée et par conséquent l'autre se juge quelconque, voire laide. On ne voit guère deux ou trois enfants d'une fratrie qui excellent dans un sport identique.

Certains s'abstiennent de toute activité physique quand l'un d'eux est reconnu comme particulièrement doué dans ce domaine. L'enfant malade a une place à part. Objet de plus de soins, il est fréquemment perçu comme le préféré des parents. J'ai travaillé avec deux patients atteints de paralysie, sans cause physiologique réelle, à la fin de leurs études universitaires. L'un avait un frère, l'autre une sœur, malades et alités pendant de longues années. Ces phénomènes paralysants, heureusement rémissifs, étaient dus à une peur inconsciente de rentrer dans la vie active. Face à cette angoisse, ces personnes avaient mémorisé plus ou moins consciemment la possibilité d'obtenir protection et amour grâce à ce type de symptôme !

L'enfant recherche également sa place sur le plan affectif au cœur de la fratrie. Il y a le sage, le capricieux, le câlin, le pleurnicheur, le farouche, le boudeur, le coléreux, le souriant, le gentil, le serviable, la mauvaise tête, le sale gosse, le rebelle, le caractériel, le menteur, etc. De même au féminin. Quelle variété de qualificatifs, et la liste est loin d'être exhaustive ! Qu'affirmait-on de vous quand vous étiez petit(e), que disait-on de vos frères et sœurs, cousins, cousines, autres enfants proches ? Souvent répété inlassablement.

Nous nous identifions à ces définitions. Et que l'on ait trente, quarante, cinquante, soixante ans, tant que l'on n'a pas pris conscience de ces marques imprimées au fer rouge, et travaillé à s'en libérer, est persuadé d'être vraiment comme cela. Adulte, dans notre vie personnelle et professionnelle, nous continuons de mimer que nous sommes sage, capricieux, affectueux, pleurnicheur, farouche, boudeur, coléreux, souriant, gentil, serviable, mauvaise tête, pervers, rebelle, caractériel, menteur, etc. De même au féminin.

Au niveau des identifications concernant la fratrie, là comme ailleurs, les éléments positifs sont évidemment plus vecteurs d'épanouissement que les autres. Toutefois, ces étiquettes ne sont que des caricatures qui ne tiennent pas compte du réel. Il n'est pas vrai qu'un être est uniquement ceci ou cela.

Certaines « qualités » sont lourdes à porter. Tel enfant qui a obtenu l'amour familial en étant sérieux, responsable, préoccupé avant tout des autres, a peut-être envie, devenu adulte, de vivre sa vie et non plus ce rôle qu'il perpétue en prenant en charge tout son entourage sans que personne le lui demande. Un peu de légèreté, d'insouciance, d'amusement, lui ferait du bien ainsi qu'aux autres.

Des « défauts » empoisonnent fréquemment toute une vie. Éliane, mère de famille et cadre d'entreprise, se croyait toujours la petite peste de son enfance. Elle se sentait constamment coupable, pas assez bonne mère, pas assez bonne épouse, pas assez conviviale avec ses collègues, pas à la hauteur vis-à-vis de ses directeurs, ... bref, toujours « pas assez quelque chose ». Au cours de son travail thérapeutique, elle a pris conscience qu'elle était complètement identifiée à cette image qu'on avait plaquée sur elle, et que celle-ci était fictive. Sa « sainte » de petite sœur, jugée comme « la parfaite » pour des raisons psychogénéalogiques, faisait pas mal de coups en douce. Mais c'était Éliane qui était toujours punie. En fait, elle ne ressemblait en rien à une calamité mais à une enfant normale, remuante et espiègle. Sa sœur était tout simplement plus calme, plus rêveuse, moins extravertie.

Sur le plan des études, c'est exactement la même chose. Il y a le bon élève naturellement brillant, le méritant qui doit travailler beaucoup parce qu'il n'a pas de facilités, le scientifique, le littéraire, le médiocre, le paresseux, l'incapable... Il en est de même pour les filles. Tout se passe comme si chaque enfant, pour trouver sa place, exacerbait ou refoulait ses potentialités. Si notre frère n'avait pas été si bon en mathématiques, nous serions peut-être polytechnicien ! Si notre sœur n'avait pas été si douée pour le dessin, peut-être ferions-nous de la peinture, ce qui en fait nous attirait tant. Combien de patients, après avoir compris ces mécanismes, se sont enfin autorisés à être eux-mêmes et ont tout naturellement développé des potentialités qu'ils avaient mises sous séquestre, par compétition avec leurs frères et sœurs. Ainsi Jacky, la sœur de Maria Callas, s'est vue « interdite de chant » parce qu'il y avait déjà une chanteuse dans la famille.

Le développement de la relation amoureuse et l'expression de la sexualité se font également en fonction de la fratrie. Telle adolescente est timide, gauche, inhibée, par opposition à sa sœur, conquérante, séductrice, voire provocatrice. Telle autre attire spontanément l'attention des garçons, parfois dans une relation de camaraderie fraternelle. Il n'empêche que sa sœur, moins entourée, en déduit qu'elle est un repoussoir. Tel fils est considéré comme un Don Juan tandis que son frère garde sa vie sexuelle secrète ou souffre de n'avoir pas de relation. La façon de se vêtir, de se coiffer, de se maquiller, se fait également par différenciation d'avec les frères et sœurs. Une actrice célèbre, bourrée de talent, n'accorde que très peu d'importance à sa tenue vestimentaire, bien qu'issue d'un milieu fort bourgeois. Pour tout dire, « elle est toujours mal fagotée ». À l'âge de seize ans, alors qu'elle se préparait à aller à un grand bal avec lui, son frère lui a interdit de porter une superbe robe longue en soie verte : « Va te rhabiller, tu me fais honte. »

Vivre avec une personne qui porte le même prénom que sa sœur n'est pas « neutre ». De même, avec un homme qui s'appelle comme son frère. Parfois, des sœurs se lient chacune avec un homonyme. Toutes deux épousent Pierre ou Marc ou Jean-Paul, etc. Parallèlement, des frères se marient l'un et l'autre avec Isabelle ou Valérie ou Claudine, etc. Par ailleurs, il existe des familles reliées par deux unions.

Par exemple, le frère de notre père a épousé la sœur de notre mère.

Concernant les mécanismes d'identification aux frères et aux sœurs, il est important de parler des relations incestueuses. Elles sont beaucoup plus fréquentes qu'on ne le croit. Souvent, entre cinq et dix ans, on joue « au docteur », y compris avec ses cousins et cousines. Parfois, on fait, entre garçons, la compétition « À qui fera pipi le plus loin ». Tout cela est plus ludique que sexuel. Par manque de place, par pauvreté, il arrive que deux sœurs ou deux frères, voire une sœur et un frère, dorment dans le même lit. Cela entraîne souvent des échanges de baisers, de caresses, d'attouchements allant de la tendresse aux prémices sexuels. Une intimité s'établit en cachette des parents, elle a plus tard une influence déterminante.

Ainsi, une patiente qui a eu des relations de ce type avec sa sœur, s'est mariée la même année qu'elle avec un homme du même prénom et exerçant la même profession. Elle aime dans la sexualité tout ce qui est préliminaires, mais n'apprécie pas la pénétration.

Plus dramatiques sont les cas où le cousin pubère force une fillette à des jeux érotiques plus ou moins poussés. Un chirurgien esthétique, honnête et intuitif, a refusé d'effectuer une liposuccion à une jeune fille qui trouvait qu'elle avait de trop grosses jambes, avant qu'elle n'effectue une psychothérapie. Après quelques séances, celle-ci m'a confié que son frère l'avait obligée pendant deux ans à avoir des relations intimes. Pour ce faire, il lui écartait les jambes et se masturbait sur elle. Ma patiente était très attachée à ses parents et souffrait cruellement à la fois de l'interdit et du secret. Ses cuisses — comme ce qui lui était arrivé — lui semblaient énormes, honteuses alors qu'elles n'étaient qu'un peu rondes. Se croire laide la protégeait de la séduction. Une fois tout ceci exprimé et dénoué, elle a rencontré un ami avec lequel elle a vraiment fait l'amour pour la première fois dans des conditions satisfaisantes. Puis elle a décidé cette intervention chirurgicale pour son agrément, cette fois en toute connaissance de cause.

DES EXEMPLES DE PLACE DANS LA FRATRIE

L'enfant unique est généralement investi du rôle d'héritier ou d'héritière. Et l'héritière qu'est la fille est souvent considérée comme le fils qu'elle aurait dû être. Dans notre société, le nom du père est transmis par le fils. Inconsciemment, on demande à cette fille unique de remplir ce rôle, situation des plus délicates.

Le poids de l'arbre généalogique sur l'enfant unique est d'autant plus important, voire pesant, qu'il est le seul à assumer l'ensemble des projections familiales. Il a pour mission d'accomplir le plus fidèlement possible ces fantasmes. On ne lui pardonne guère de ne pas être la perfection attendue. Il est fréquemment hyperinvesti et par conséquence se reproche de ne pas répondre suffisamment à la demande de sa famille. L'enfant unique a tendance à confondre responsabilité et culpabilité. Anxieux, il a peur de mal faire, ou de ne pas faire assez bien, ou de ne pas en faire assez.

Il a parfois du mal à communiquer avec les autres enfants. Pour peu qu'il n'ait pas de cousins ou cousines, que ses parents ne fréquentent pas d'amis ayant eux-mêmes des enfants, qu'il ne soit pas autorisé à recevoir à la maison ses camarades de classe ou à aller chez eux, l'enfant unique n'est habitué à rentrer en relation suivie qu'avec des adultes. Souvent, c'est un enfant qui n'a pas eu d'enfance. Il n'a pas assez joué et connaît des difficultés à intégrer, adulte, la dimension ludique de la vie.

À l'école, certains camarades lui disent que, par définition, il est égoïste puisqu'il est tout seul. Sa culpabilité en est renforcée.

Beaucoup d'enfants uniques rêvent d'avoir des frères et sœurs. Certains se croient inconsciemment fratricides. Ils fantasment qu'ils ont tué ces enfants non nés. Par exemple, un patient a été souvent trahi par des associé(e)s, c'est-à-dire des confrères ou des consœurs, et en a cruellement souffert. Sa mère lui répétait constamment pendant son enfance qu'elle aurait voulu six enfants mais, qu'après avoir eu un gosse aussi détestable que lui, elle n'en avait plus voulu d'autres. À travers ses « fratries » professionnelles, il se punissait d'avoir empêché la naissance de ses frères et sœurs. Il fut libéré de ce problème lorsqu'il prit conscience que sa mère, malgré son discours, ne voulait, en fait, pas d'enfant du tout.

D'autres enfants uniques se demandent pourquoi ils sont vivants alors qu'avant ou après eux, leur mère a fait des fausses couches spontanées ou des interruptions volontaires de grossesse.

À l'inverse, certains sont traités comme des stars. Une patiente affirmait lorsqu'elle était petite, reproduisant le discours de ses parents, « qu'elle était parfaite parce qu'elle était la seule ». Elle a dû faire un travail psychologique pour pouvoir, adulte, communiquer avec les autres.

Considérons maintenant le cas des enfants aînés. C'est un fils, il est né le Divin Enfant ! Sauf cas peu fréquents, surtout autrefois, où c'est une fille que l'on désire en premier, la famille se réjouit car, grâce à ce bébé mâle, le nom de la généalogie paternelle est transmis. Évidemment, tout aîné est enfant unique jusqu'à la conception et la naissance du deuxième.

Certains le restent psychologiquement toute leur vie. Quand les enfants suivants naissent, ils se protègent et s'enferment dans la solitude, évitant le contact avec leurs frères et sœurs. Alors, l'enfant aîné a pour royaume sa chambre et pratique des activités solitaires. Des patients ou des patientes se sont réfugiés dans la lecture, allant jusqu'à « dévorer » un livre par jour. D'autres se sont passionnés pour la stratégie militaire à l'aide de figurines et soldats de plomb ou pour leur train électrique ou pour le dessin, la peinture, l'aquarelle, la musique, etc. De nos jours, ils se consacrent parfois aux jeux vidéo ou à leur ordinateur.

Mais, généralement, le développement psychologique de l'aîné(e) s'effectue différemment. La plupart du temps, il refoule la jalousie qu'il éprouve à la naissance du second en devenant le protecteur du nouveau-né. Ce processus ne se fait pas aussi aisément que le croient les parents. Essayons de comprendre ce qu'un enfant, surtout s'il est jeune, ressent à l'arrivée du second avec lequel il doit partager l'amour de ses parents au quotidien, dans le même espace, au fil des années. C'est un peu comme si un mari annonçait à son épouse qu'une autre compagne tout aussi aimée allait vivre désormais sous le même toit. Ou comme si une femme informait son conjoint que son amant s'installait à la maison, et que, bien sûr, rien n'était changé. On ne dira jamais assez aux parents combien il est fondamental, nécessaire, de préparer un enfant à la naissance du suivant, et ce dès la conception de celui-ci. Même s'il ne le verbalise pas, l'enfant « sait » inconsciemment que sa mère est enceinte. Il est également indispensable de s'occuper de l'enfant aîné ou précédent autant, voire plus, que du nourrisson, par exemple, lorsque celui-ci dort dans la journée. Un nouveau-né nécessite des soins qui accaparent la maman et la famille. Il est, d'autre part, le centre d'attraction de la parenté et des amis. Temps consacré et intérêt constituent pour l'aîné(e) la certitude que le bébé est aimé, préféré, et lui-même (elle-même) peu intéressant(e), déconsidéré(e), rejeté(e). Quand ils sont petits, certains vivent comme un traumatisme les scènes d'allaitement. D'autres réclament le biberon ou refont « pipi au lit » alors qu'ils étaient propres ou régressent dans l'acquisition du langage. Être « grand(e) » ne sert plus à rien puisque « cette chose » capte l'attention de façon privilégiée.

Les manifestations du conflit sont différentes quand il y a un plus grand écart d'âge.

Il est éminemment souhaitable que les parents laissent s'exprimer l'enfant, qu'il puisse dire sans être jugé son ambivalence entre amour et haine et qu'ils lui expliquent que c'est normal.

Carole, la fille d'amis, attendait avec la plus grande joie la naissance de son petit frère ou de sa petite sœur. Impatiente et n'ayant pas encore la connaissance du temps à l'âge de deux ans et demi, elle interrogeait sa maman : « Dans combien de dodos le bébé naîtra ? » Quand Sophie vient au monde, Carole la couvre de baisers et de câlins. Puis elle fait plusieurs rêves qu'elle raconte à ses parents où il est question de nourrissons en train de mourir ou déjà morts. Une amie de la famille, venue voir Sophie, déclare que « Cette petite est adorable et à croquer ». Instantanément, Carole lui demande : « Tu ne pourrais pas la croquer tout entière ? » Les deux sœurs s'entendent maintenant fort bien parce que l'entourage n'a pas eu peur de l'ambiguïté des sentiments de l'aînée et a laissé s'exprimer ses bouffées de haine.

À l'inverse, quand ce n'est pas autorisé, cela conduit à des comportements refoulés d'hostilité, de ressentiment, voire à des actes physiques contre le bébé.

Parfois, les parents confient, quelque peu avant la naissance du second enfant, l'aîné(e) à leurs propres parents ou à des personnes de l'entourage. Très souvent, celui-ci ou celle-ci le vit comme un rejet, surtout si les raisons de ce s'occuper partiellement d'Isabelle, afin d'avoir elle-même un peu plus d'autonomie.

En ce qui concerne les hommes, elle comprend qu'il faut sortir de sa fascination pour son père. Seuls l'intéressaient jusqu'alors des copies conformes de Charles. Aimer le même type d'homme conduit à la répétition de la même histoire. Se comporter en victime comme sa mère entraîne au même malheur. Micheline travaille beaucoup la jalousie et apprend à savoir dire oui ou non selon ses vrais désirs.

séjour ne sont pas formulées. Cet « abandon » se transforme vite en trahison. Quand l'aîné(e) revient, le petit être vagissant est là, prenant toute la place, accaparant l'attention de la mère et de toute la famille. Une patiente a été envoyée sans qu'on l'en informe en home d'enfants à trois ans, peu de temps avant la seconde naissance. Les parents ne l'ont prévenue que plusieurs jours après l'accouchement. Elle avait désormais un petit frère. À son retour, elle s'est sentie violemment exclue puis détrônée. Il s'en est suivi six mois d'eczéma sur les mains et les avant-bras qui ont nécessité de longs bains de permanganate administrés par la grand-mère maternelle. Le corps exprime, avec son langage, la souffrance que l'on ne peut dire avec les mots. Cette petite fille manifestait à travers ce symptôme, et la localisation de celui-ci, sa demande d'affection, son désir d'être prise dans les bras et son hostilité envers son frère parce qu'elle croyait ne plus être aimée à cause de lui.

Généralement, pour trouver sa place dans cette famille agrandie, l'aîné(e) devient la petite mère ou le petit père du nouveau-né. Comme l'enfant unique, souvent l'aîné(e) n'a pas d'enfance. Il doit donner l'exemple parce qu'il est le plus grand, surveiller parfois le deuxième puis les enfants suivants, seconder éventuellement ses parents. Le fils aîné est fréquemment investi comme successeur du père. Autrefois, en fonction du droit d'aînesse, lui seul héritait, même si des sœurs étaient nées avant, de la ferme, du commerce, de l'usine, du château. En cas de décès du père, le fils aîné prend parfois, quand il est en âge de le faire, le rôle de chef de famille. Il « remplace » son père.

La fille aînée, surtout de famille nombreuse, joue dans la plupart des cas le rôle de seconde maman et d'aide ménagère. Parmi mes patientes concernées, j'ai observé deux types principaux de réactions. Soit elles reproduisent la vie de leur mère en ayant un profond besoin de maternité et en mettant au monde plusieurs ou le même nombre d'enfants. Soit elles ont un profond rejet des petits qui leur ont volé leur propre enfance et leur potentiel personnel de maternité en est affecté. Dans ces conditions, chaque vécu étant différent, telle fille aînée est stérile biologiquement ou psychosomatiquement, telle autre est célibataire, telle autre fait des fausses couches, telle autre a des conflits avec ses enfants, telle autre est homosexuelle. Un travail psychogénéalogique débloque l'origine des difficultés et permet, ce faisant, de choisir sa vie. Toute femme n'a pas forcément pour vocation d'être mère. Cependant, il y a une grande différence entre choisir d'avoir ou de ne pas avoir d'enfants et obéir aux répétitions psychogénéalogiques qui, elles, empêchent toute liberté. D'autre part, la maternité peut être charnelle mais elle est également symbolique. Ces femmes, interdites de maternité, ont tendance à amputer leur créativité personnelle, professionnelle, artistique.

Les enfants aînés traitent leurs frères et sœurs comme leurs parents les ont traités. Un enfant est autoritaire comme son père ou sa mère l'a été avec lui, un autre sévère, un autre violent, un autre tendre, un autre pédagogue, un autre hyperprotecteur, un autre angoissé, etc.

Ce que j'ai exprimé à propos de la naissance d'un nouvel enfant est bien sûr valable dans d'autres cas. Par exemple, la venue au monde d'un troisième enfant pour un deuxième crée le même bouleversement psychologique où amour et haine sont mêlés. Comme nous l'avons vu précédemment, l'attitude des parents est fondamentale pour aider celui-ci ou celle-ci à surmonter cette crise. Il en est de même de la naissance d'un quatrième pour un troisième, etc. La seule différence est que ces enfants-là n'ont jamais été des enfants uniques. Ils connaissent mieux, si je puis dire, la vie de famille. Et ils sont déjà habitués à partager l'amour de leurs parents.

Prenons l'exemple d'une fratrie de deux enfants, composée d'un fils et d'une fille. La situation n'est pas identique selon l'ordre de naissance. Le marquage familial d'un fils qui a une grande sœur ou une petite sœur n'est pas le même. Parallèlement, avoir un frère aîné ou un frère cadet n'entraîne pas pour une fille une influence psychologique semblable. Les conséquences sont différentes selon chaque personne et chaque fratrie. La relation entre un frère et sa sœur — ou ses sœurs — est fondamentale dans son attitude par rapport aux femmes et conditionne ses amitiés, ses amours, ses relations sexuelles, ses rapports dans sa vie professionnelle. De même, une femme reproduit, dans toutes ces circonstances précitées, la relation qu'elle a eue avec son ou ses frère(s).

Autre possibilité, la famille est composée de deux filles. Invariablement, se dessinent celle qui joue, plus ou moins consciemment, le rôle du fils et l'autre celui de la fille. Quand il s'agit d'une fratrie de deux fils, immanquablement l'un d'eux développe davantage sa « féminité intérieure ». Fréquemment, le premier enfant subit davantage le poids de la demande de sa famille. Le ou la deuxième est en quelque sorte plus déchargé(e) des projections psychogénéalogiques, ce qui lui permet davantage d'autonomie, d'indépendance.

Il existe un cas particulier de fratrie de deux enfants, celui des jumeaux. J'ai eu l'occasion de travailler avec beaucoup de jumeaux ou de jumelles. Chaque histoire est particulière mais extrêmement spécifique de cette situation.

Par exemple, ils vivent une relation profondément symbiotique, connaissent des difficultés à exister par eux-mêmes et pour eux-mêmes. Ils se marient souvent à quelques mois d'intervalle et essaient d'établir avec leur conjoint une fusion identique. Certains, s'ils sont de même sexe, constituent un couple où l'un développe une potentialité masculine et l'autre féminine. Parfois, une profonde rivalité existe depuis le plus jeune âge qui se transfère dans les relations amicales, affectives, professionnelles ultérieures.

Il faut signaler que certains enfants nés à très peu d'intervalle ont vécu psychologiquement leur relation avec leur frère ou leur sœur comme une gémellité.

Je n'ai pas encore reçu de triplés, si ce n'est des triplés fantasmatiques. Ce doit être passionnant !

Considérons maintenant la situation des enfants du « milieu ». Ce sont les deuxièmes qui ne sont ni aînés ni benjamins d'une famille de trois, les deuxième et troisième d'une famille de quatre, les deuxième, troisième et quatrième d'une famille de cinq, etc. La grande problématique de ces enfants est de trouver leur place. Le sexe joue un rôle considérable. Être la deuxième fille ou la troisième ou la quatrième d'une famille de quatre filles ou être une des filles d'une famille de cinq enfants dont seul le dernier est un fils n'est pas comparable. De même, les projections familiales sont différentes et par conséquent les identifications, concernant le deuxième, le troisième, le quatrième fils d'une famille de garçons. Après la naissance d'une fille aînée, on attend souvent un fils. Après la naissance de deux premiers fils, on attend généralement une fille. Toutefois, chaque histoire généalogique est unique. Pour nous comprendre, il est essentiel d'approfondir ces questions en fonction de notre propre famille.

Dans les fratries qui comportent plus de deux enfants, il y a fréquemment, selon les correspondances d'âge ou les affinités, des relations privilégiées par « paire ». Il se crée aussi des sous-groupes, les garçons et les filles, les grands et les petits. Cela provoque des schémas de répétitions.

Quant au benjamin ou à la benjamine, sa place n'est pas plus facile ! Certains se vivent comme enfant unique parce qu'ils sont nés beaucoup plus tard que leurs aînés. Les grands quittent le foyer familial alors qu'ils sont encore petits. Mais on ne leur confère pas le rôle d'héritier comme aux enfants seuls ou aux premiers-nés, sauf, parfois, s'il s'agit enfin d'un fils conçu après plusieurs filles. De même, une fille succédant à une fratrie de garçons bénéficie d'un statut spécial.

Souvent, et plus généralement dans les familles comprenant fils et filles, cet enfant s'identifie au rôle de « petit dernier » ou de « petite dernière ». C'est le petit frère ou la petite sœur, même à quarante ans. Ce statut entraîne pour l'adulte un besoin inconscient de protection, une difficulté à entreprendre, à se lancer, à devenir autonome.

Certaines mères, très investies dans leur rôle et angoissées par le départ de leurs enfants, ont tendance à garder le plus possible près d'elles le benjamin ou la benjamine. Il nous semble indispensable, pour éviter à ces femmes de douloureuses dépressions, d'apprendre à s'occuper davantage d'elles-mêmes et de trouver de nouveaux centres d'intérêt. Devenus adultes, ces enfants que l'on a couvés ont besoin d'intégrer leur véritable dimension et de découvrir leurs potentialités.

Attachons-nous à un cas de place particulièrement dramatique dans la fratrie : l'enfant qui a perdu un frère ou une sœur. Cette situation constitue une nécessité absolue de travail psychologique pour pouvoir dépasser ce problème d'autant plus intense qu'il est refoulé. Deux situations sont possibles. Dans le premier cas, un enfant est mort avant notre naissance. Nous pouvons porter le même prénom ou celui-ci féminisé. Par exemple, Julien est mort. Nous nous appelons alors Julien ou Jules, Julie ou Julienne ou Juliette ou d'autres homonymes rappelant le disparu. Même si cela est inconscient, nous ne sommes pas né(e) pour nous-même mais pour remplacer cet(te) autre. Nous sommes coupable de vivre à sa place. Et tant que nous n'avons pas analysé profondément notre psychisme, nous obéissons à certaines identifications et répétitions implacables.

Ainsi, Paul-Robert-Manuel est le deuxième fils d'une famille qui a perdu l'aîné, Robert, à la naissance. Ses parents en parlent quelquefois, il y a une photo de lui sur la cheminée et l'on va au cimetière fleurir sa tombe. Paul est un enfant timide qui n'a pas confiance en lui. Il obéit à des comportements d'échec bien qu'il soit bon élève. Il a du mal à se faire des amis et, en fait, il ne pense pas qu'on puisse l'aimer pour lui-même, qu'il a de la valeur. Il ne se sent pas à la hauteur ; anxieux, il pense parfois que son frère est plus heureux « au Ciel ».

Michel est également le deuxième enfant né après une sœur morte à la naissance. C'est un garçon rebelle, agressif, notamment avec sa mère qu'il perçoit comme une femme mortifère. Naissent ensuite quatre frères et sœurs qu'il exclut, se vivant comme enfant unique et héritier. Son père est médecin, il reprend le flambeau. Toute sa vie, pour survivre, Michel « tue ». Il se spécialise dans l'accompagnement de malades incurables qu'il espère sincèrement sauver. Il leur promet la guérison, vainement. Il collectionne les aventures amoureuses, détruisant toutes les femmes qu'il touche. Il ne peut avoir d'amis. Rien ne trouve grâce à ses yeux que lui-même.

Monique a été conçue après le décès de sa sœur, conséquence d'une encéphalite contractée à l'âge de quatre ans. Désespérés, les parents décident d'avoir un autre bébé. Chance, c'est une fille qu'ils appellent comme l'enfant morte. Le couple idéalise la première, belle, sage, intelligente. Monique intègre qu'elle ne vaut pas cher en comparaison. Constamment, elle se fait « tuer ». Elle devait diriger son service. Au dernier moment, on coopte quelqu'un d'autre à sa place. Sa meilleure amie séduit son fiancé et se marie avec lui.

Le deuxième cas consiste à perdre un frère ou une sœur pendant l'enfance ou l'adolescence. Ceux qui « restent » sont alors profondément touchés par ce décès. Ils l'aimaient, ils l'aiment toujours. C'est trop injuste. N'oublions jamais que l'amour et la haine sont l'ombre et la lumière de la même pulsion. Les membres de la fratrie se sentent coupables de certains sentiments hostiles, plus ou moins refoulés, qu'ils avaient envers le ou la défunt(e). Détester parfois quelqu'un jusqu'à vouloir l'anéantir en pensée est une chose. Passer à l'acte et détruire physiquement cette personne en est une autre, bien différente. Inconsciemment, ils se sentent responsables de la mort du disparu. La perte d'un jumeau ou d'une jumelle est encore plus difficile à accepter pour le ou la survivante, compte tenu des relations fusionnelles. Là encore, l'attitude des parents est déterminante selon qu'ils déifient ou non cet enfant décédé. Plus le deuil est dramatique, voire impossible à réaliser pour eux, plus l'enfant ou les enfants se sentent responsables, rejetés, minimisés, incapables de faire que les énergies de vie qu'ils représentent pour leur famille soient plus fortes que l'absence. Cela peut aller jusqu'à assimiler que pour être aimé(e) de ses parents, il faut être mort. On est tiraillé entre des pulsions contradictoires. Alternativement, on veut vivre, s'affirmer et on se sent coupable, paria. Il s'ensuit généralement des perturbations psychologiques et des difficultés dans la vie concrète.

Deux patientes ont perdu un jumeau ou une jumelle pendant la vie fœtale. Autrement dit, leur mère a fait une fausse couche à trois mois d'un fœtus hétérozygote : Isabelle a beaucoup de mal à supporter la solitude et réclame à son mari force tendresse et présence enveloppante.

Dominique était attendu comme un garçon. D'autre part, sa maman lui a beaucoup parlé de son accident de grossesse. Sa famille et elle-même ont toujours fantasmé qu'il s'agissait d'un jumeau. Avant qu'elle ne travaille sur elle, Dominique traversait de longues périodes de dépression et de repli sur soi. En fait, elle faisait couple symbiotique avec ce frère dont elle était en deuil permanent.

LES IDENTIFICATIONS AUX GRANDS-PARENTS

Les grands-parents que nous avons connus sont, comme nos parents, des modèles d'identification et de référence.

Comme nous l'avons vu précédemment, tout enfant recherche l'amour. Chaque grand-parent a un lien spécifique avec chaque petit-enfant. Nous désirons plus ou moins consciemment être chéri(e) — rien de plus délicieux que cette relation privilégiée — et entrons en concurrence non seulement avec nos frères et sœurs mais aussi avec nos cousins et cousines.

Comme notre mère et notre père, nos grands-parents nous aiment en fonction de leur propre histoire psychogénéalogique et des projections qu'ils font sur nous. Nous nous identifions à eux, de la même façon qu'avec nos père et mère et répétons ces identifications dans notre vie d'adulte.

Par exemple, nous sommes la petite-fille modèle de notre grand-mère maternelle qui est une excellente maîtresse de maison et un fin cordon bleu. Pendant les vacances, nous l'aidions à faire la cuisine et nous continuons d'exceller dans la préparation des plats qu'elle sait si bien réaliser. Ou nous sommes le petit-fils le plus proche de notre grand-père paternel qui fait tout de ses mains. Grâce à cette relation, nous voilà un mari parfait bricoleur mais, parfois, notre femme et nos enfants se sentent abandonnés pendant les week-ends familiaux.

Pour être aimé, faut-il être un bon élève en histoire parce que notre grand-père maternel est lui-même passionné des règnes des rois de France ou du déroulement de la Première Guerre mondiale ? Ou est-il important d'être incollable en géographie parce que notre grand-père paternel, comme son propre père, a fait sa carrière aux colonies et a beaucoup voyagé ? Devons-nous accompagner notre grand-mère paternelle à l'église ou au temple, ou notre grand-père maternel à la synagogue parce que la pratique de la religion est capitale pour eux ?

Dans certaines familles, on désigne un enfant pour tenir compagnie à l'aïeul devenu veuf ou veuve. Une patiente, la troisième d'une famille de trois filles, la plus liée à son père, a habité chez sa grand-mère paternelle au décès du mari de celle-ci. Inconsciemment, le père était en relation fusionnelle avec sa mère et lui a « donné » sa fille préférée, qu'il considérait comme son fils, « futur héritier » de sa profession d'ébéniste.

Il est important de prendre conscience des valeurs transmises par nos grands-parents qui constituent une trame de références, une somme de points de vue, à travers lesquels nous nous sommes forgé une image de nous-même, des autres, de la vie.

Parfois, certains grands-parents « gâteaux » donnent davantage de tendresse et de temps que les parents. Beaucoup de patients ont eu des grands-mères ou des grands-pères qui constituent pour eux la principale source d'amour. Le décès de ceux-ci est alors un grand choc qui marque une cassure dans l'enfance ou l'adolescence. Soudain, on perd l'écoute attentive, la complicité, l'affection, les histoires racontées, les jeux partagés. Certains grands-parents donnent l'occasion à leurs petits-enfants de vivre des expériences nouvelles. Par exemple, lorsque les parents demeurent en ville et eux à la campagne, les enfants découvrent la nature, le jardinage, la vie des animaux, la pêche, etc.

À l'inverse, d'autres grands-parents sont plus sévères, plus austères. Des patients se souviennent qu'il fallait, encore plus qu'à la maison, finir son assiette même si l'on n'aimait pas ce qui s'y trouvait, très bien se tenir à table, ne pas faire de bruit, être sage et parfaitement poli.

Des patients ont été rejetés par leurs grands-parents et s'en culpabilisent. Comme nous l'avons déjà exprimé à propos des parents, un enfant non aimé pense qu'il est fautif, qu'il n'est pas digne de mériter l'amour. Pour lui, les grands, les adultes, et a fortiori les anciens, détiennent la vérité unique. Un travail en psychogénéalogie permet de comprendre, par exemple, que notre grand-mère maternelle n'aime que les garçons et que nous avons le malheur d'être une fille, comme notre mère qui en a d'ailleurs elle-même beaucoup souffert. À l'inverse, notre grand-père paternel s'entend beaucoup mieux avec sa mère, ses sœurs, ses filles et nous ne sommes que le fils de son fils.

Dans d'autres cas, ce sont nos cousins et cousines qui sont systématiquement préférés. De même, à travers une analyse psychogénéalogique, on s'aperçoit, par exemple, que notre grand-mère paternelle privilégie son fils aîné et par suite les enfants de celui-ci. En tant que descendant de son deuxième fils, nous sommes moins considéré, comme l'est lui-même notre père. Ou notre grand-mère maternelle peut avoir une meilleure relation avec sa dernière fille dont elle choie particulièrement les enfants. Et nous, nous ne sommes, hélas, que les rejetons de sa première fille.

Autrement dit, les rapports que nous avons avec nos grands-parents vivants sont inconsciemment sous-tendus par les relations qu'ils ont avec leurs propres enfants, nos parents.

Il est rare d'avoir connu ses quatre grands-parents. Ce sont plus fréquemment nos grands-mères qui restent en vie, compte tenu de la plus grande longévité des femmes. Qu'ils soient en couple ou veufs, nos grands-parents ne constituent généralement pas des archétypes sexuels. Pour les adultes qui ont maintenant dépassé la trentaine, il s'agit de la différence essentielle des sources d'identification entre les parents et les grands-parents.

Il en sera bien autrement dans le futur. Une des grandes révolutions de la psychogénéalogie pour les générations à venir tient au profond changement d'image des grands-parents. Actuellement, les enfants ont des grands-parents, voire des arrière-grands-parents, qui vivent leur troisième âge, leur quatrième âge, tout à fait différemment. Ils ne sont plus du tout habillés de noir, plongés dans un effacement et un deuil éternels. Ils vivent, sont passionnés par le monde, ont des amis et des relations. Beaucoup voyagent. Ils sont dynamiques, parfois sportifs. Certains ont manifestement une vie sexuelle. Ils apportent à leurs petits-enfants, par leur nouveau mode de vie, un cadre psychologique et socioculturel beaucoup plus attrayant.

Nous avons parfois vécu avec une grand-mère ou un grand-père, généralement veuf(ve), venu(e) habiter chez nos parents. Chaque histoire est particulière. Il y a la grand-mère alerte et dynamique qui seconde notre mère et auprès de laquelle nous trouvons attention, tendresse et réconfort. Ou le grand-père discret qui raconte de merveilleuses histoires et initie ses petits-enfants à moult jeux. Ou encore le grand-père ou la grand-mère acariâtre qui dirige la maison au rythme de ses humeurs et crée un climat de tension dans le couple de nos parents.

Olga est née dans un foyer où la grand-mère paternelle vivait avec son fils et sa bru depuis leur mariage. Ses parents n'ayant pas de gros moyens financiers, l'appartement ne comportait que trois pièces. Le couple dormait dans le living, les deux sœurs aînées dans une chambre, et Olga, la plus jeune, dans l'autre chambre avec sa grand-mère. La petite dernière est une enfant pleine de vie et a besoin d'espace. Sa famille, et particulièrement la mère de son père, la qualifie d'enfant terrible. Quelques heures après le décès de cette grand-mère, Olga revient de chez le boulanger en chantant. Son père la gifle et la morigène violemment parce qu'elle ne respecte pas la défunte. Cette patiente m'a consultée parce qu'elle avait des difficultés à s'exprimer en public, aussi bien dans des réunions familiales et amicales que dans le cadre de son activité professionnelle. Elle s'est aperçue, en travaillant sur elle, que depuis ce jour-là, elle n'avait plus jamais chanté. Elle s'est libérée de ses blocages et s'est inscrite dans une chorale, pour son plus grand plaisir.

Notre mère est parfois une petite fille soumise à un père ou à une mère dictatorial(e), envahissant(e). Elle n'arrive pas à former un couple avec son mari parce qu'elle est en symbiose avec sa mère, ou n'a d'admiration que pour son père et bien sûr, son époux ne l'a jamais égalé. Notre père a, quelquefois, une relation de couple symbolique beaucoup plus importante avec sa propre mère qu'avec sa femme.

La présence d'une grand-mère paternelle au domicile parental exacerbe dans certains cas une animosité entre belle-mère et belle-fille. Notre mère, par exemple, projette sur cette femme toute l'image négative qu'elle a de sa propre mère ou d'une grand-mère autoritaire ou d'une sœur aînée. Dans d'autres situations, cette belle-mère rejette violemment sa bru qui lui a « pris son fils ». Notre père est tiraillé entre sa mère et sa femme et plusieurs scenarii sont possibles : il reste le petit garçon de Maman, ne prend pas parti pour avoir la paix et s'isole, il impose sa femme au prix de conflits, etc.

En ce qui concerne nos identifications, nous intériorisons ces tensions. Notre souhait serait d'être aimé par chacun et d'aimer tout le monde. Mais on nous demande de prendre parti. Par exemple, en tant que fils, pour satisfaire notre mère, il faut ressembler à son père adoré mais surtout pas au nôtre. Fille, nous devons, pour plaire à Papa, mimer sa mère et en aucune façon son épouse. Tout cela entraîne pour nous un puzzle d'identifications contradictoires qui morcellent l'intégration de notre image de la féminité et de la masculinité, comme nous l'avons déjà vu.

Il arrive que la grand-mère ou le grand-père s'installe chez sa fille ou son fils pour cause de maladie grave. Il est très important que les parents expliquent à leurs enfants la situation. Même si cet aïeul les accapare en nécessitant beaucoup de soins, ils n'en sont pas moins toujours aimés. Il est également fondamental de leur parler de cette maladie afin qu'ils n'assimilent pas vieillesse et souffrance, déchéance, dépendance, impotence.

Parfois, nous avons vécu chez nos grands-parents. Ce sont eux qui nous ont élevés pendant plusieurs années. Nombre de grands-parents sont capables de donner beaucoup d'amour à leurs petits-enfants. Et pourtant, ils ne remplaceront jamais nos parents. L'enfant élevé par une grand-mère ou des grands-parents ressent un abandon de la part de ses mère et père. Ce sentiment est vécu d'autant plus intensément que les causes de cette situation sont dramatiques.

Soit la mère vit en couple mais préfère ne pas élever elle-même son enfant. Les conditions de logement, la situation financière, les horaires de travail ne sont pas propices. On pense que ce sera mieux pour le petit. Par exemple, le jeune couple démarre avec peu de revenus et habite dans une simple chambre de bonne sans confort. Ou les parents tiennent un commerce qui les accapare totalement. Ou bébé est venu trop tôt et Maman doit terminer ses études.

Soit la mère est célibataire et ne peut assumer à la fois un travail et la garde de son enfant. Ou bien encore elle a trouvé un emploi en dehors de sa région d'origine et a des problèmes de logement.

Soit la mère se sépare de son conjoint ou se retrouve subitement veuve. Ou encore, elle décède et le père confie fils ou fille à la famille de sa femme ou à ses propres parents, se sentant incapable d'assumer seul l'éducation.

Lorsque l'enfant quitte ses grands-parents pour retrouver ses parents, il revit de nouveau un déchirement, encore plus fort si cette rupture est due à la mort de la grand-mère, par exemple.

Il est important de préciser que l'image que nous avons de nos grands-parents vivants n'a parfois rien à voir avec les identifications qu'ont fait nos parents les concernant. Tel grand-père tendre, affectueux, attentionné avec ses petits-enfants a été un père sévère, rigide, autoritaire. Telle grand-mère douce, charmante, souriante, a eu un violent conflit avec sa propre fille ou son propre fils. Il arrive que l'aïeul aime sa petite-fille ou son petit-fils contre son propre enfant.

Même si nous n'avons pas connu certains grands-parents parce qu'ils sont morts avant notre naissance, ils restent psychogénéalogiquement fondamentaux pour nous. En effet, nos parents nous élèvent en fonction des projections et des identifications afférentes à leurs propres parents. Sont également capitales leur place dans la fratrie, les relations qu'ils ont eues avec leurs propres frères et sœurs, c'est-à-dire nos oncles et tantes. Souvent, notre mère nous parle de son père ou de sa mère disparu(e) avant notre naissance. De même que notre père. Tout ce qu'ils nous disent, nous racontent, structure nos identifications.

Parallèlement, ce qu'exprime la grand-mère ou le grand-père à propos de son conjoint défunt est important pour nous. Certains aïeuls sont idéalisés, d'autres bannis.

Parfois, le souvenir remonte au-delà de nos grands-parents, jusqu'à nos arrière-grands-parents, ou plus loin encore. Certains bisaïeuls sont légendaires, positivement ou négativement.

Parfois, nos grands-parents sont vivants mais nous ne les connaissons pas ou très peu. Sauf cas d'éloignement géographique important, cela indique généralement que nos parents ont eu des conflits importants avec leurs propres parents. Dans d'autres cas, nous ne savons rien consciemment de nos grands-parents. Ils sont décédés et nos parents ne nous en ont jamais parlé. Là encore, il est crucial pour nous de comprendre et d'analyser les raisons de ce silence, afin de nous relier à nos origines et ce faisant, de partir à la découverte de nous-même.

Un enfant qui n'a pas connu ses grands-parents est privé psychologiquement de ses racines. S'il n'y a pas dans son entourage des personnes âgées, il ne se familiarise pas avec l'âge mûr, la vieillesse, une certaine forme de sagesse. On peut avoir des grands-parents d'adoption qui ne font pas partie de la famille mais constituent néanmoins un support important d'identifications. Ainsi, mes deux grands-pères étant décédés, j'ai eu la chance de rencontrer, petite, un modèle déterminant en la personne d'un retraité de la S.N.C.F. qui entretenait le jardin de la maison de mon enfance. Ce vieux monsieur, qui m'adorait et que j'affectionnais, m'a appris la nature, les saisons, les animaux. Maman était ravie de cette relation parce qu'elle-même avait eu une grande complicité avec son grand-père. Pour moi, contempler le ciel, admirer les paysages, entretenir des plantes, composer des bouquets et partager la compagnie d'un chat constituent une des bases du bonheur. Chères identifications !

3.

RÉPÉTITIONS

LES MÉCANISMES DE RÉPÉTITIONS

Chacun de nous est le fruit d'une longue chaîne psychogénéalogique. Nos grands-parents, nos parents, nos oncles et tantes, nous-même et nos frères et sœurs avons fait l'objet de projections.

En grandissant, chaque membre de chaque génération s'est identifié à sa mère, à son père, à ses frères et sœurs, à ses grands-parents s'il les a connus ou à l'image transmise, à ses oncles et tantes, au couple parental et à ceux formés par les membres de la famille.

En nous identifiant, nous répétons par scénario ou contre-scénario toute cette saga familiale dans les grands thèmes de notre vie : amour, profession, amitié, enfants, petits-enfants. Nous le faisons aussi dans les plus petits détails de la vie quotidienne, cela souvent à notre insu.

Certaines histoires psychogénéalogiques comportent des non-dits, des secrets. Par exemple, on ne nous a pas transmis que l'un de nos grands-pères est enfant naturel. Notre oncle n'est pas mort d'accident, mais il s'est suicidé. L'une de nos grands-mères s'est mariée enceinte. Celui que l'on prend pour notre grand-père paternel est en fait le mari de notre grand-mère qui, en l'épousant, a reconnu notre père né d'une première union secrète. Notre tante a fait de la prison. Notre cousin est le fruit d'un viol. Notre père ou notre mère ont été mariés précédemment à notre insu. Notre grand-père a fait faillite. Des membres de la famille ont « collaboré » pendant la guerre. Nous avons des origines juives maquillées. Consciemment nous ne le savons pas. Et pourtant, inconsciemment nous répétons ces scenarii. Ou certains aspects de notre vie sont conditionnés par ces non-dits ou ces secrets.

Pour mettre en lumière les mécanismes de répétitions, j'ai préféré la vie à la théorie. J'ai choisi de vous raconter des histoires de thérapies en psychogénéalogie.

L'HÉRITIÈRE

Claire, trente ans, s'adresse à moi parce qu'elle se sent nerveuse, angoissée. Diplômée d'une école de commerce, elle est entrée comme assistante dans une société il y a cinq ans où on lui a rapidement confié des responsabilités. Bien qu'elle dirige maintenant le service marketing avec les félicitations de la direction, elle est souvent tendue au bureau. En fait, elle a constamment peur d'être prise en défaut, de ne pas donner satisfaction.

D'autre part, elle souhaite construire un couple avec un homme qu'elle a rencontré il y a deux ans. Tous deux envisagent de louer un appartement ensemble. Elle l'aime et c'est réciproque. Toutefois, elle doute. Est-ce vraiment lui l'homme de sa vie ? Il n'a pas fait d'école prestigieuse, il a des revenus semblables aux siens, bref, il n'est pas tout à fait conforme à l'image de l'homme installé et sécurisant que ses parents voudraient avoir pour gendre.

Elle est la fille aînée d'une famille de deux filles. Sa sœur a toujours été considérée comme plus féminine, plus artiste, plus rêveuse. Claire fait d'excellentes études. C'est l'intellectuelle, la raisonnable, celle sur qui on peut compter.

Sa mère, Éliane, est elle-même fille aînée. Suivent trois sœurs et un frère qui auront une enfance très différente. À ceux-ci, les parents d'Éliane donnent la possibilité de faire des études et une vie relativement choyée. Éliane, elle, doit travailler durement dans l'usine de son père, dont la fabrication des produits nécessite l'utilisation d'agents toxiques. Ce n'est pas Cosette, mais presque. Les frères et sœurs d'Éliane adoptent vis-à-vis d'elle le même comportement que leurs parents. Éliane est à leur service, elle sent mauvais, elle sent l'usine.

Victor, le père d'Éliane, a eu des problèmes importants avec son frère cadet. Ses propres parents établissaient une grande différence entre eux et lui préféraient nettement leur deuxième fils. Victor crée une usine dans les Pyrénées. À l'époque, il y a cinquante ans, les entreprises de cette région étaient souvent familiales. Il travaille seul et n'intégrera jamais dans sa société ni son frère ni sa sœur.

Éliane suit l'exemple de son père. La rage au cœur, méprisée, elle deviendra la première, le leader de l'entreprise. Elle évincera son frère, logique héritier de l'usine. Puis elle rencontre son futur mari. Ce n'est pas une union facile. Le fiancé est espagnol, donc rejeté par sa famille. Éliane ne peut aimer qu'un homme que l'on dévalorise comme elle. Ce qui va unir ce couple, c'est vaincre le passé. Ses parents mettent cinq ans à accepter le mariage. Enfin, le gendre entre dans la famille. Ce faisant, il entre dans l'usine. À force de travail et d'acharnement, il devient le fils idéal de Victor. C'est lui qui dirigera l'entreprise, Victor ayant fini par reconnaître que seul son gendre Émilio est capable de lui succéder. Émilio coupe avec ses racines espagnoles. Il a perdu ses parents jeunes et n'entretient plus que des relations évasives avec ses frères et sœurs.

Aujourd'hui, Claire, sa fille ne parle pas espagnol. Tout ce qui lui rappelle l'Espagne constitue à ses yeux une dévalorisation. Au cours de son travail psychogénéalogique, elle prend conscience qu'il est urgent de retrouver ses racines paternelles pour ne pas être en conflit avec la moitié d'elle-même.

Elle a eu beaucoup de mal à quitter le berceau familial. Ses parents auraient souhaité qu'elle travaille avec eux, qu'elle reprenne le flambeau. Ils espèrent toujours qu'elle va revenir. Sa mère organise le calendrier de ses loisirs, exigeant qu'elle passe fêtes et vacances « à la maison ».

Claire découvre qu'elle est inconsciemment coupable de ne pas continuer le dessein de ses parents, de trahir la chaîne généalogique de l'entreprise, de ne pas être l'héritière à part entière. C'est pourquoi elle s'angoisse dans son activité professionnelle. Elle doit être la première, aller toujours plus loin, gravir toujours plus haut. Elle doit continuer à venger sa mère et son père. Elle ne peut être leader qu'au prix d'une extrême tension.

Cette angoisse, ce n'est pas la sienne. Elle a réussi à se libérer de la répétition familiale. Elle est douée pour diriger. Elle peut maintenant le faire tout en étant en paix.

Par ailleurs, Claire prend conscience de sa féminité. Ayant des parents qui forment un couple uni, certes, mais avant tout par le travail, elle a envie de vivre autrement, sans toutefois avoir de modèle. Elle apprend à communiquer différemment avec son compagnon, lui laissant davantage sa place d'homme en acceptant d'être femme.

MA PAUVRE PETITE FILLE

Sylvie a vingt-cinq ans. Elle me rencontre parce qu'elle ne se sent pas sûre d'elle-même. Il y a un an, elle a voulu partir pour les États-Unis. Elle souhaitait séjourner plusieurs mois dans une famille pour parfaire son anglais. Malheureusement, les démarches ayant été mal faites, elle s'est vue contrainte de rentrer rapidement en France. Elle a vécu très douloureusement cet échec. À présent, elle est secrétaire dans une importante société mais ne s'y plaît pas. Elle habite un studio où elle étouffe. Elle a une liaison avec un homme marié qui travaille dans la même entreprise et qui a l'âge d'être son père. Il lui apporte une certaine affection, mais elle sait que c'est temporaire car il a eu l'honnêteté de lui dire qu'il ne divorcerait jamais. Elle n'est satisfaite ni professionnellement ni affectivement, mais elle se sent incapable d'agir.

Sylvie manque cruellement d'une présence paternelle. Celui qu'elle appelle son père, et qui est en fait son beau-père, est mort quand elle avait quinze ans. C'était le troisième époux de sa mère et cette union, bien qu'harmonieuse, fut brève puisqu'elle ne dura que cinq ans. Elle s'interdit d'être heureuse depuis la mort de cet homme. Elle s'est en quelque sorte enterrée avec lui. Auparavant, il y avait eu un autre beau-père qui n'a pas été très marquant pour

Sylvie. Toutefois, sa mère s'était mariée avec lui pour lui donner un père. Leur union fut un fiasco et Sylvie s'en culpabilisa.

Son véritable père rencontra sa mère à vingt ans. Entre eux naquit une grande passion, mais le jeune homme n'assuma ni la vie de couple ni la vie de famille. Il y eut néanmoins des bagarres juridiques, des luttes pour la garde de l'enfant. Le grand-père paternel était très attaché à sa petite-fille. C'était un homme bon, calme, dirigeant une exploitation viticole, ayant le sens des responsabilités. Cette image, Sylvie la recherche à travers tous les hommes. À la mort de celui-ci, quand elle avait onze ans, son père génétique accepta de renoncer à ses droits paternels pour que son deuxième beau-père fortuné puisse l'adopter.

Pour mieux vivre, il est nécessaire que Sylvie puisse voir son père génétique de façon plus objective, qu'elle prenne conscience qu'elle est le fruit de l'amour, même si ensuite cet amour n'a pu grandir. Derrière les débats juridiques, la haine de la mère envers son premier mari, les critiques du père contre cette femme, se cachent les affres de la passion. Il est indispensable qu'elle puisse faire le deuil de son beau-père et ne plus épouser le point de vue de sa mère vis-à-vis de cet homme mythique. Enfin, il est important qu'elle prenne conscience du rôle de son grand-père paternel.

Mais, comme toujours en psychogénéalogie, un premier problème en masque un autre, encore plus important mais moins conscient. Après avoir travaillé la branche paternelle, il fallait explorer la branche maternelle. Sylvie a également à transformer sa relation avec sa mère. Celle-ci est issue d'une famille de cinq enfants d'origine modeste. Son propre père est décédé lorsqu'elle avait douze ans. Très vite, elle s'est démarquée de son milieu. Elle est partie jeune pour travailler à Paris, le reste de la famille restant en province. Elle est devenue en quelque sorte la star aux yeux de ses frères et sœurs. C'est elle qui conseille, qui soutient, qui dépanne souvent financièrement. Elle est celle qui a réussi, qui est différente.

Sylvie se sentait un peu étrangère quand elle passait ses vacances avec ses cousins et cousines. Elle ne faisait pas partie du même monde. D'où une difficulté à communiquer avec les gens de son âge, d'autant plus que, sa mère ayant souvent déménagé, elle n'a pas pu avoir de camarades de classe à long terme. Elle est la petite fille sage, jolie, bien habillée, qui reste assise sur une chaise, sourit et ne parle pas. Elle vit en symbiose avec Maman. Ses deux beaux-pères sont respectivement âgés de plus de vingt-deux et vingt-huit ans que sa mère. Elle ne partage que le monde des adultes.

En fait, sa mère a elle-même cruellement manqué de présence paternelle et de modèle de vie familiale. Elle s'est beaucoup angoissée à l'idée de se retrouver seule pour élever sa fille. Elle traite celle-ci davantage comme une amie, une complice, une confidente qu'une enfant. Pour qu'elle soit la meilleure, elle la critique constamment. « Tu devrais faire mieux ; tu peux faire mieux ; oui, mais... » Sylvie apprend à se dévaloriser. Sa mère est le modèle de référence. C'est elle qui est belle, intelligente, séduisante, dynamique. Elle ne lui arrive pas à la cheville. Quand elle parle, elle a peur de dire une bêtise. Alors, elle préfère se taire.

Sylvie prend conscience de son infériorisation et de sa relation symbiotique avec cette femme. Elle n'a qu'une seule amie, sa mère. Elles se téléphonent plusieurs fois par jour. Petit à petit, Sylvie apprend à être moins dépendante, à devenir elle-même sans se comparer, à aimer sa mère tout en la mettant à sa juste place. Sylvie a quitté son amant, elle a rencontré un jeune homme, fils d'amis de la mère. Elle a interrompu sa psychothérapie, ce dernier y étant hostile. Espérons qu'elle saura cependant trouver son autonomie et sa liberté et qu'elle ne reproduira pas dans le couple son assujettissement à sa mère.

LA VIRILITÉ INACCESSIBLE

Claude, quarante-deux ans, me consulte parce qu'il se sent dépressif, au bord du gouffre, tant professionnellement qu'affectivement. Il est marié, père de trois enfants. Il n'a aucune envie de divorcer mais la communication avec sa femme est en péril. Ils se querellent à propos de tout et de rien et elle refuse toute relation sexuelle. Licencié par son patron pour incompatibilité d'humeur, il a l'impression d'avoir tout raté et je le perçois suicidaire.

Il est le fils aîné d'une famille de trois enfants. En fait, le deuxième de quatre. Sa mère lui parlait très souvent d'un fils perdu avant lui : fausse couche spontanée de deux mois. En réalité, la mère n'a jamais connu le sexe de ce premier enfant, mais elle l'a complètement fantasmé. Claude grandit avec le modèle idéalisé de ce premier « frère » supposé avoir toutes les qualités. Il « s'excuse de vivre », comme le font généralement les personnes dans ce cas.

Son actuel patron, un ami d'enfance, l'a supplié de venir travailler avec lui à Paris bien qu'il habite à cent cinquante kilomètres de la capitale. Il a un an de plus que lui, ce qui correspondrait à l'âge du « frère » aîné s'il avait vécu. Par ailleurs, cet homme a lui-même un grave conflit avec son propre frère, plus jeune d'un an et demi. Claude comprend qu'il renouvelle avec son patron la relation avec son frère aîné, et vice versa. À travers cette incompatibilité d'humeur se répètent deux psychogénéalogies en interaction. Claude retrouve l'image du frère idéalisé par sa mère. Son patron rejette en son employé le frère avec lequel il est en opposition. Claude découvre ce qui se rejoue, se déculpabilise et va mieux.

Sa mère est un personnage haut en couleur et il a une relation très passionnelle avec elle. Femme dynamique, assistante sociale, elle a beaucoup de camarades féminines. Il vit son enfance dans un gynécée. Bel adolescent, il reçoit parfois les avances des amies de sa mère qui n'est pas dupe. Son grand-père maternel est gentil, effacé, dominé par sa femme institutrice. Dans cette branche de son arbre généalogique, les femmes sont des maîtresses femmes. Claude se sent quelque peu étouffé par cette mère rabelaisienne qui a deux sœurs mais pas de frère.

Il adore son père, Louis, chercheur qui, pour réussir sa carrière, travaille à Paris. Claude signe son contrat avec son employeur parisien à trente-neuf ans. Au même âge, son père a accepté également un poste à Paris et ne revient que le week-end. Trois ans après, Louis quitte sa femme et ses enfants pour aller vivre avec Colette. C'est le drame, l'abandon, la trahison. Claude a actuellement quarante-deux ans, précisément l'âge de son père à cette époque.

Louis revient voir les enfants, leur fait de somptueux cadeaux et peu à peu les reçoit dans son nouveau foyer. En pleine adolescence, Claude devient « amoureux » de sa belle-mère. Elle est intelligente, cultivée. Elle donne à son père une place que sa première épouse ne lui a jamais concédée. Celui-ci, heureux, sécurisé, réussit de plus en plus brillamment et devient un scientifique célèbre.

Quand il vient me consulter, Claude est inconsciemment en train de rejouer l'histoire de son père. Au même âge, il part pour Paris. Au même âge, il est en pleine crise de couple. S'il ne prend pas conscience de cette répétition, il rencontrera bientôt une deuxième femme et revivra la culpabilité de son père par rapport à ses propres enfants.

De plus, l'histoire de son père finit mal. Cinq ans après avoir rencontré Colette, Louis, en pleine gloire professionnelle, se tue en voiture. Claude était angoissé mais ne comprenait pas pourquoi. Maintenant, il sait. Il fait un important travail pour réapprofondir sa relation avec sa femme. D'autant plus que déjà, son grand-père paternel s'était séparé de son épouse au même âge.

Il comprend combien il a idéalisé son père. Pour être homme, il faut travailler loin de sa famille, il faut divorcer, il faut être célèbre. Grâce à son travail en psychogénéalogie, il découvre son père tel qu'il était, avec ses potentialités mais aussi ses faiblesses. Tant qu'il est dans l'identification paternelle, il ne peut vivre librement ni sa vie de couple, ni sa vie de père, ni sa vie professionnelle. Claude apprend à être homme à sa façon, ici et maintenant, et non plus dans un ailleurs fantasmé.

LA VIE N'EST PAS UNE PARTIE DE PLAISIR

Robert, quarante-cinq ans, vient me voir car il traverse une grave crise existentielle. En fait, il est en pleine dépression. Rien ne va ni sur le plan professionnel ni sur le plan affectif. Il voudrait créer un cabinet d'expertise comptable mais n'y parvient pas. Il a divorcé il y a dix ans à la demande de sa femme. Depuis, il erre sentimentalement d'échec en échec. Il a un fils de dix-sept ans et une fille de quatorze ans et craint de ne pas être un bon père.

Il est issu d'une famille protestante. Lors de notre premier entretien, il me dit qu'il a eu une enfance très heureuse, n'a jamais manqué de rien et n'a pas eu de problèmes familiaux. Il continue cependant ses séances. C'est la première fois qu'il parle de lui. Jusqu'à maintenant, le monde des émotions lui paraissait étranger, sinon ridicule. Un homme, un vrai, ça n'a pas d'état d'âme, ça assume, jusqu'à l'écroulement.

Fils aîné d'une famille de cinq enfants, attendu avec impatience, accueilli avec joie, c'est l'enfant-roi, le fils premier-né. On l'appelle Robert comme son père, comme son grand-père paternel, comme son arrière-grand-père paternel, tous les trois eux-mêmes aînés. Puis, en deuxième prénom Victor, comme son grand-père maternel, en troisième Pierre, comme son oncle maternel pasteur, en quatrième

Jean, en l'honneur de l'apôtre auteur de l'Apocalypse. C'est un charmant bébé, puis un enfant fort sage et studieux. À trois ans, il fait l'admiration des amis de la famille en récitant par cœur les *Fables* de La Fontaine. À trois ans aussi, il se souvient qu'il a fait une courte phase d'énurésie à la grande stupéfaction de sa mère, lui qui avait été propre bien avant tous ses cousins et cousines. Nous nous apercevons que cela coïncide avec la naissance de sa sœur, deuxième enfant. Il n'a aucun souvenir conscient de ce bébé. Robert ne se rappelle que de son rôle protecteur quand elle grandit. « Tu es le plus grand, tu es le plus raisonnable, tu dois montrer l'exemple », lui dit-on. Il veille ensuite sur ses frères et sœurs suivants.

Il aime beaucoup sa mère, Élisabeth. C'est une femme « admirable ». Issue d'une grande famille de banquiers alsaciens, belle et racée, parfaite maîtresse de maison qui sait tout faire de ses mains. C'est également une artiste qui aurait pu faire une carrière de pianiste mais a choisi de se consacrer à son mari et à ses enfants. Elle a une intense vie religieuse et pendant ses heures de loisirs, elle étudie la Bible et aide les plus déshérités. Élisabeth a transmis à son fils une grande vénération pour ses propres parents. Elle-même ressemble beaucoup à sa mère. Robert se souvient bien de cette grand-mère qu'il a connue, toujours très digne, toujours très soignée, toujours en noir, un camée au cou, de magnifiques cheveux blancs coiffés en chignon. Il prend peu à peu conscience que ces femmes idéales n'ont jamais été tendres. Il n'a pas de souvenirs de câlins donnés aux enfants. Il n'a jamais vu ses parents s'embrasser ou se tenir par la main. Il n'a jamais vu non plus sa mère prendre un instant de repos. On lui a transmis la notion du devoir, de la morale, de l'action, de l'art, mais à aucun moment on ne l'a laissé être enfant et vivre tout simplement. Il a toujours été sage, responsable, raisonnable, intelligent, travailleur, premier en classe. Il a dû se comporter ainsi pour répondre à l'attente de ses parents et être aimé. Il s'est appliqué à être conforme à leurs souhaits... et s'aperçoit qu'il a constamment joué une pièce de théâtre.

Le père de Robert est également issu d'une grande famille protestante. Son propre père, ses oncles, ses grands-pères, travaillaient dans la banque et la finance. Son père meurt quand il a treize ans. Aîné de la famille, il a été reconnu par tous comme un élève particulièrement appliqué. Il s'est attaché à maintenir la tradition familiale, a pris très tôt des responsabilités vis-à-vis de ses frères et sœurs, a assumé un rôle de soutien à l'égard de sa mère qui ne s'est jamais remariée. Plus tard, il a vécu comme un homme de devoir, très attaché à sa femme et particulièrement soucieux de l'éducation de ses enfants. Nous remarquons ensemble que Robert est davantage angoissé par l'idée d'être un mauvais père depuis que son fils a treize ans.

La première faille : son divorce. Bien sûr, ce n'est pas lui qui désirait se séparer. Sa femme a voulu refaire sa vie avec son amant. La deuxième crise date de deux ans. À la suite de son licenciement économique, son image sociale s'est brisée. Toutes les valeurs auxquelles Robert s'est identifié ne sont que des répétitions psychogénéalogiques et s'effondrent. Pour lui, vivre, c'était prolonger la lignée des arrière-grands-parents jusqu'à ses enfants, c'était occuper un poste de direction dans la banque, c'était construire une famille unie, transmettre les valeurs du bien, du beau, de l'honneur.

Il s'aperçoit que derrière ces modèles familiaux monolithiques, personne n'a existé vraiment. Il n'a jamais véritablement connu ni son père ni sa mère, qui assumaient leurs fonctions à la perfection. Peu à peu, Robert explore ses sensations, ses émotions, ses ambivalences, ses contradictions. Il se découvre lui-même, entre en relation authentique avec ses enfants. On lui a proposé une situation similaire à celle qu'il avait perdue. Il travaille en étant moins tendu, en gérant autrement son temps. Il considère différemment les femmes qui l'entourent. Il communique davantage. Il se libère petit à petit du poids des répétitions de son arbre généalogique, très structurant mais aussi très étouffant.

N'ÊTRE QU'UNE FEMME

Mireille, quarante ans, s'adresse à moi parce qu'elle vit une grande passion amoureuse et qu'elle est malheureuse. Il y a deux ans, elle a rencontré un homme divorcé qui lui a proposé rapidement de l'épouser. Elle ne se sentait pas prête à l'époque. Maintenant elle est d'accord, mais il se dérobe. Elle attend et souffre. Elle n'arrive pas à analyser la situation, se reprochant de ne pas avoir dit oui au bon moment.

Elle est la quatrième d'une famille de cinq enfants. Naissent successivement deux filles, un fils qui décède à deux ans, elle-même et un autre fils. Elle est conçue après la mort de son frère Jean. Sa mère est désespérée par la disparition de cet enfant. Elle plonge dans une dépression qui durera jusqu'à sa propre mort, récente. Mireille ne réussira pas à lui redonner la joie de vivre. Elle est constamment élevée dans le souvenir de ce frère dont la photo est toujours en bonne place dans la maison. Il était parfait, beau, sage, intelligent, en quelque sorte un ange incarné. Elle intègre qu'elle ne fait pas le poids, ne sera jamais à la hauteur de ce mort et que de toute façon, elle ne pourra jamais être un homme. Alors, elle se replie sur elle-même, devient la confidente de sa mère, vit dans la tristesse et la résignation. C'est une enfant discrète, appliquée, bonne élève.

Mireille aime beaucoup son père, Lucien, mais ne le voit que très peu car il travaille dans la restauration et ses horaires sont différents de ceux du reste de la famille. Les soirées, les dimanches, les jours de fête, Papa travaille. Sa femme est constamment inquiète. Sans s'en rendre compte, elle dévalorise l'activité de son mari. C'est une profession où l'on est « au service de », autant dire servile. C'est un métier où les revenus sont variables, donc ce n'est pas un métier. De son père, Mireille garde le goût du beau, du raffiné, et l'attrait pour tous ces gens qu'il sert dans ce restaurant de luxe.

Lucien a perdu son père jeune, n'a pas pu continuer ses études et a travaillé pour aider sa mère et ses frères et sœurs à survivre.

À seize ans, Mireille perd son père d'une crise cardiaque. Ses deux sœurs aînées sont mariées, elles ont quitté le foyer familial. Elle reste seule avec sa mère et son plus jeune frère. Elle devient en quelque sorte le mari de sa mère en « reproduisant » son père. Elle aussi, à son grand regret, arrête ses études et travaille pour faire vivre la famille. C'est un déchirement. Elle aurait voulu être médecin, elle sera secrétaire. Mais pour une femme, lui dit sa mère, il suffit d'un métier d'appoint puisque sa vocation est de se marier et d'avoir des enfants.

À aucun moment, la mère n'envisage de travailler. Déjà, sa propre mère avait été une victime. Mariée par obligation parce qu'elle était enceinte, elle a vécu chichement avec ses quatre enfants, battue par un mari violent. « On ne choisit pas sa vie quand on est une femme. » Mireille travaille, fait face aux responsabilités qu'elle a prises. Son frère passe son bac, fait des études de vétérinaire puis, à son tour, entre dans la vie active. Quelle n'est pas la joie de la mère quand son fils lui offre une télévision, une chaîne hi-fi, ce qui donne du plaisir de vivre. Sa fille, elle, a assuré le quotidien, le nécessaire, l'indispensable, mais personne n'en parle.

Mireille se marie. Elle épouse un homme brillant. Lui, il a fait des études. Très vite, la vie de couple tourne au drame. Son mari la dévalorise, la méprise, la trompe. Il exige qu'elle travaille alors qu'elle souhaitait rester à la maison pour élever elle-même leur fils jusqu'à l'école primaire. Jamais elle ne le quittera. C'est lui qui part au bout de cinq ans.

Mireille en est à son troisième amour. Mais le scénario est toujours le même. Trois hommes indisponibles, mariés à leur profession, dévorés d'ambition, unissant belle conversation et élégance irréprochable. De temps en temps, ils la sortent, dans de grands restaurants comme celui où travaillait Papa. C'est une fort jolie femme, mais elle ne le sait pas. Elle les écoute, à la fois béate d'admiration et complexée devant leur culture, leurs diplômes, leurs responsabilités professionnelles, leur aisance sociale. Pour qu'ils l'aiment, elle est prête à n'importe quoi. Elle est la confidente, celle qui soutient, qui aide, qui comprend tout et ne demande rien, celle qui n'en revient toujours pas que l'on puisse s'intéresser à elle.

Professionnellement, elle est entrée dans une administration. Emploi stable. Elle a progressivement gravi les échelons mais, depuis plusieurs années, aucune promotion n'est possible. La place qu'elle convoitait, une autre l'a prise. Elle enrage mais se soumet. Elle s'ennuie et son amertume croît.

Mireille prend conscience de ce qu'elle répète. Dès la naissance, elle est infériorisée. Sa mère la dénigre constamment par rapport à son frère mort. Elle ne peut pas prendre sa place, exister pour elle-même. Devenue adulte, elle renouvelle cette situation. Elle est habituée à se dévaloriser et à mettre l'homme sur un piédestal. Elle cherche à se faire pardonner d'exister, continue d'être la sœur de Jean. Cela conditionne sa vie amoureuse. Elle est attirée par ce qu'elle aurait voulu être, des hommes brillants qui ont fait des études. Mais elle ne perçoit pas que ceux qui la séduisent ne sont pas capables d'affection. À travers ses amours, elle retrouve la même relation qu'avec sa mère. Ne pas être aimée pour elle-même, telle est la répétition. Elle souffre, elle subit comme pendant son enfance, elle se résigne comme sa mère, comme sa grand-mère maternelle, comme sa grand-mère paternelle. « Être femme, c'est dépendre de l'homme, se laisser faire, être victime. » De plus, par attachement à son père mort, elle renouvelle le schéma de l'amour pour l'homme absent, qui n'a que peu de temps à lui consacrer du fait de son travail et qui disparaît prématurément, d'une manière ou d'une autre.

Professionnellement, elle se contente d'une situation qui ne la satisfait pas. Elle s'est sacrifiée pour permettre à son plus jeune frère de faire des études. Elle continue. Tout se passe, psychogénéalogiquement, comme si une femme n'avait pas le droit d'accéder à un métier qui lui convienne. D'autre part, il faut rechercher la sécurité, surtout ne pas faire comme le père qui exerçait une profession critiquée par la mère. Par répétition et par deuil de ne pas avoir pu faire d'études, elle s'interdit de prendre des risques d'ordre professionnel.

Aujourd'hui, Mireille est heureuse. Elle s'est enfin détachée de cet homme qui ne savait que rêver et rien concrétiser. Passionnée par la psychologie, elle suit des cours parallèlement à son travail. Elle envisage même de quitter son emploi. Elle recherche activement, malgré la conjoncture économique, un poste à responsabilités qui lui convienne vraiment.

REFAIRE L'AMOUR

Lucie, cinquante et un ans, prend rendez-vous parce qu'elle est dans une grande souffrance affective. Son mari, dont elle a deux enfants maintenant adultes et autonomes, l'a quittée il y a dix-huit ans. Elle a énormément souffert de cette séparation et manifestement, elle n'en est pas encore guérie. Épanouie professionnellement, ayant une bonne relation avec son fils et sa fille, entourée d'amis, elle participe également à de nombreuses activités culturelles et sportives. Il n'en reste pas moins qu'elle souffre cruellement de solitude. Depuis dix-huit ans, elle a fantasmé sur certains hommes impossibles, soit mariés, soit très jeunes. Depuis dix-huit ans, elle n'a eu aucun amant.

Sa mère est morte en accouchant d'un cinquième enfant lorsque Lucie avait quatorze ans. Ses parents, qui ont fait un mariage d'amour, constituent pour elle un modèle de référence idéalisé et inatteignable. Elle découvre peu à peu que ce couple était centré sur son amour et que les enfants ne recevaient pas forcément toute la tendresse et toute l'attention qu'ils désiraient. Elle n'a, par exemple, aucun souvenir de câlins avec sa mère. Par ailleurs, inconsciemment, elle unit amour et mort. L'épanouissement affectif est dangereux. Sa mère est morte à cause de la sexualité et de son bonheur. Au décès de sa mère, Lucie rend souvent visite à sa grand-mère maternelle qui lui témoigne beaucoup d'affection et à qui elle la rend bien, mais, adolescente, elle n'a pas d'autre modèle de couple puisque sa grand-mère est veuve.

Lucie est fort attachée à son père. À la mort de la mère, les deux grands entourent celui-ci. Deuxième enfant, elle est très proche de son frère aîné. Quand ils sont séparés pour des questions d'études, il s'instaure entre eux une relation épistolaire intense. Son frère épouse une amie de Lucie et plus tard, Lucie épouse un ami de son frère. Elle a un fils et une fille qu'elle appelle François et Jeanne en l'honneur du couple fraternel de saints qu'ont formé saint François de Salle et sainte Jeanne de Chantal. Ce frère se tue dans un accident à trente-trois ans. Elle en porte encore le deuil et rêve à trois reprises qu'elle est une « mariée en noire ». Elle découvre qu'à travers les hommes jeunes qui la font fantasmer, elle est à la recherche de son frère.

À la mort de celui-ci, elle devient l'interlocutrice privilégiée de son père. Il s'est remarié et a d'autres enfants, mais continue d'idéaliser sa première femme décédée. Il fait de même pour son fils disparu et, au fil des années, développe une exacerbation du sentiment religieux et adhère à un intégrisme farouche. Il est scandalisé quand le mari de Lucie la quitte. Jeune couple chrétien, ils avaient tout pour réussir. Il l'accuse de ne pas avoir su le retenir. Qu'a-t-elle fait de ce gendre, beau, intelligent, catholique fervent ?

Elle est terrassée. Elle a tout fait de son mieux et l'engagement mutuel a été pris devant Dieu. Tout cela est trop injuste. En fait, quasiment depuis le début, elle était très malheureuse dans cette relation conjugale mais elle supportait tout par crainte d'être abandonnée. Elle sort de cette épreuve complètement dépersonnalisée, persuadée que son mari et son père ont raison. Elle se dit qu'elle n'est pas jolie, ne sait pas s'habiller, qu'elle est frigide, qu'elle est une mauvaise maîtresse de maison, bref, n'a rien pour attirer et retenir un homme.

Au cours de son travail psychogénéalogique, Lucie prend conscience que son père est différent de l'image qu'elle en a, qu'il est autoritaire et castrateur : son comportement vis-à-vis de sa deuxième femme est pervers et il développe une sévère paranoïa. Elle se rend compte qu'elle a retrouvé chez son mari la même structure psychologique. Elle apprend aussi à faire le deuil de son frère. Elle réalise qu'elle continue d'être la fille idéale de son père tant qu'elle ne s'autorise pas à refaire sa vie par fidélité au sacrement du mariage. Elle s'interdit de rencontrer un homme par peur d'être abandonnée, par peur de mourir, par peur de trahir Dieu, par peur de perdre l'amour de son père et pour se punir de n'avoir pas su garder son mari.

Il a fallu beaucoup de consultations et de stages pour qu'elle puisse se libérer d'une emprise psychogénéalogique particulièrement lourde. Il lui était difficile de faire la paix avec elle-même en tant que femme et de renouer une relation intime avec un homme, sans culpabilité et sans terreur, après de telles violences psychologiques : frustrations affectives, deuils, hégémonie de la loi castratrice d'un père s'assimilant à un Dieu vengeur et misogyne. Lucie a réussi à se dégager du scénario familial. Elle a rencontré un homme de son âge, très différent de son père et de son premier mari. Elle a osé refaire l'amour et dépasser les fantasmes de punition, de mort, de damnation. Si elle doit travailler encore la peur de décevoir et d'être abandonnée, elle sait maintenant qu'il existe d'autres types d'hommes et qu'elle n'est pas frigide.

LA TERREUR D'ACCOUCHER

Catherine, vingt-neuf ans, décide de me consulter pour des problèmes sexuels. Elle vient de rencontrer un homme et souhaite construire un couple. Bien qu'heureuse affectivement, elle se heurte à certaines difficultés. Elle ne souffre pas de vaginisme mais, à chaque rapport, la pénétration lui est douloureuse. Par ailleurs, tous deux souhaitent un enfant mais elle envisage avec une grande appréhension la grossesse et surtout l'accouchement.

Sa mère, Hélène, a vécu la naissance de Catherine comme un drame. Le médecin qui la suivait n'était pas là. Il était lui-même hospitalisé, victime d'un accident de voiture quelques jours auparavant. Le travail dure plus de quarante-huit heures. Hélène est déchirée, puis victime d'une éventration. Elle risque de mourir d'une hémorragie. Pendant plusieurs années, elle doit être soignée des suites de cet accouchement qui l'handicapent beaucoup au quotidien et dans sa vie sexuelle. Sa propre mère qui s'appelait Catherine, comme ma patiente, est morte en couches à la naissance de son troisième enfant. En tant que fille aînée, Hélène doit prendre en charge son frère et sa sœur. Son père se remarie lorsqu'elle a quatorze ans avec une sage-femme qu'elle ressent comme une marâtre.

Le père de Catherine, Léon, est fils unique car les

médecins ont interdit à sa mère d'avoir un deuxième enfant, puisqu'elle a failli mourir lors de son premier accouchement. Quant au père de Léon, il a beaucoup souffert, dans sa jeunesse, d'être un enfant naturel.

Catherine prend conscience que, depuis deux générations, l'accouchement et l'enfant sont sources de drame. Ses propres difficultés s'inscrivent dans une chaîne de projections familiales auxquelles elle s'identifie. Elle porte le prénom de sa grand-mère décédée. Elle imite par culpabilité la vie sexuelle de sa mère après sa naissance, se sentant responsable de ses problèmes de santé. Pour se libérer, elle doit intégrer qu'elle n'est en rien fautive.

Psychogénéalogiquement, sa mère Hélène a une haine inconsciente de l'enfant à plusieurs titres. Tout d'abord, c'est lui qui tue sa propre mère, le sperme est meurtrier, les relations sexuelles sont dangereuses. En second lieu, elle vit le fait de devoir veiller sur son frère et sa sœur comme une contrainte qui la prive elle-même de son enfance. Elle est dépossédée de son insouciance, de ses jeux avec ses camarades de classe, de ses rêves. Elle est orpheline et en paie doublement le prix. Ensuite, son père épouse une femme qui passe son temps à mettre des enfants au monde mais qui ne lui donne pas d'amour. Catherine découvre que l'accouchement de sa mère a été d'autant plus dramatique que c'est une sage-femme, donc inconsciemment l'image de sa belle-mère, qui l'a assistée au lieu de son médecin.

Son père, Léon, est également porteur d'une grande angoisse concernant la naissance. Inconsciemment, d'une part, il se culpabilise d'avoir mis sa propre mère en danger de mort en naissant. D'autre part, il porte la « responsabilité » d'avoir interdit la venue au monde d'autres frères et sœurs. Une image fratricide en quelque sorte. Le père de Léon, inconsciemment lui aussi, a souffert de la sexualité puisqu'il est le fruit d'une liaison et non reconnu socialement.

Aux dires de sa mère, Catherine a pleuré quasiment toutes les nuits pendant trois ans. À son grand soulagement, elle comprend qu'elle n'était pas une petite fille insupportable mais qu'elle exprimait son malaise en captant les angoisses de ses parents. Ni l'un ni l'autre n'étaient psychogénéalogiquement prêts à concevoir et à mettre au monde un enfant dans la sérénité.

Catherine a accouché dans d'excellentes conditions d'une ravissante petite fille, particulièrement souriante et calme.

TU ES VRAIMENT NULLE

Virginie a dix-huit ans quand elle vient me voir. Elle est en pleine crise, redouble sa terminale et craint de ne pas avoir son bac. En rébellion contre ses parents, contre l'école, contre son milieu, elle vit des expériences dangereuses : rapports très conflictuels, voire violents, avec les hommes, attirance pour la drogue et l'alcool. Elle voudrait y voir plus clair et sortir de son mal-être. C'est une jolie jeune fille, en pleine période punk ! Douée pour le dessin, aimant la musique, elle a des dons artistiques certains ; on la perçoit comme originale et hypersensible. Ultérieurement, elle voudrait faire les Beaux-Arts ou une école équivalente.

Fille aînée d'une famille de trois filles, ses parents ont fait un mariage d'amour et sa mère souhaitait très rapidement être enceinte. Elle naît dix mois après leur union. Son père s'est laissé convaincre, mais il aurait préféré profiter de son mariage et vivre quelques années sans enfant. Certains soirs, certains week-ends, Virginie est confiée à sa grand-mère maternelle qui en ferait bien sa fille, évinçant la mère et le gendre. Conscients de la situation, les parents limitent son emprise.

Trois ans après, naît une deuxième fille. Virginie se souvient très bien de cette arrivée, vécue comme un drame, une dépossession de sa place. Elle se chamaille constamment avec sa sœur qui, ce faisant, est considérée comme la gentille petite fille sage. Les parents excédés critiquent Virginie et lui font souvent des reproches. Elle devient peu à peu la rebelle de la famille. Elle ne travaille pas assez bien en classe, n'est pas douée pour les langues. Suivent des séances homériques de répétition scolaire avec son père qui s'énerve très vite. Sa mère lui reproche d'être maladroite, de tout casser, de tout salir. Petit à petit, elle intègre une image très dévalorisée d'elle-même. Elle devient « Miss Catastrophe ».

Son père est issu d'une famille de commerçants à la campagne. Quand il est jeune, il bégaie. Ses camarades d'école se moquent de lui. Pour surmonter ce handicap, il devient le premier en classe et, à sa grande satisfaction, ne bégaie plus quand il parle anglais et allemand. Il devient parfaitement trilingue et passe brillamment le concours d'H.E.C. Cependant, une fois l'école intégrée, il fait une dépression. Il est en rupture de milieu, n'a plus de repères. L'amour de l'art le sauve. La peinture, la musique, la littérature lui redonnent le goût de vivre. Le père de Virginie, fils aîné, seul à faire des études, a fait la fierté de ses parents par sa réussite intellectuelle, puis financière. Il projette la même chose sur sa première fille. En fait, il aurait souhaité un garçon qui le dépasse comme il a dépassé son propre père. Et, dès son plus jeune âge, il veille sur les études de Virginie, faisant de la réussite scolaire le critère de l'amour. Pour plaire à son père, elle doit être trilingue, manier les concepts, jouer avec le langage.

La mère de Virginie, Édith, est l'enfant naturelle d'un homme marié. La mère d'Édith, très amoureuse de cet amant, assume son rôle de mère célibataire malgré le scandale provoqué dans sa famille. Ayant une très bonne situation dans l'administration, elle prend totalement en charge l'éducation de sa fille. Il faut qu'Édith soit la plus parfaite possible. Pour Maman, cela consiste à être une élève douée, discrète, sachant bien se tenir. La mère de Virginie n'a jamais eu le droit d'être une enfant. Elle ne sait pas non plus ce qu'est une famille. Édith voyait son père chaque semaine mais cela se limitait à une visite. Inconsciemment, elle est jalouse de sa première fille qu'elle ressent comme une rivale vis-à-vis de son mari. C'est pourquoi, sans s'en rendre compte, elle la dénigre systématiquement. Elle a besoin d'affirmer qu'elle est la plus belle, la plus conforme aux us et coutumes, la plus adroite, la meilleure.

Virginie est jalouse de sa seconde sœur parce que ses parents la traitent différemment. Elle comprend, grâce à son travail psychologique, que le couple était mû par une grande exigence concernant leur premier enfant, répétant ainsi leurs propres parents.

Elle prend conscience des mécanismes psychogénéalogiques qui lui donnent cette mauvaise image d'elle-même. Elle apprend, au cours de stages, à se reconstruire une identité et à n'avoir plus besoin d'être rebelle pour exister. Elle a passé son bac et poursuit les études qu'elle souhaitait. Il lui faut parfaire encore son travail sur elle-même pour ne plus choisir des hommes incapables de l'aimer et avec qui elle entre en compétition.

TRIO INFERNAL

Micheline, quarante-quatre ans, célibataire sans enfant, me consulte car elle a envie de voir plus clair en elle. La relation avec sa mère, qui est atteinte de la maladie d'Alzheimer, est particulièrement difficile. Celle-ci réside à la campagne en Île-de-France. Fille unique, Micheline se sent responsable d'elle, coupable de ne pas être constamment à ses côtés. Comme la plupart des personnes partageant cette expérience, elle n'accepte pas la « folie » de celle qui a été sa mère et donc ne la mesure pas. En s'en occupant, elle demande aussi à être reconnue et à être aimée. Elle a toujours recherché auprès d'elle un amour que celle-ci ne lui a jamais donné. Et elle espère encore.

Pour comprendre, il nous faut remonter à ses origines psychogénéalogiques. Isabelle, la mère de Micheline, est elle-même fille unique. Elle a fait des études artistiques et occupe une fonction importante dans l'élaboration technique de films de cinéma. Elle aime beaucoup son métier et mène une vie de jeune femme indépendante. Pendant son enfance et son adolescence, elle devient à la fois la confidente et le « compagnon » idéal de sa mère car très vite, celle-ci est malheureuse en ménage. Son mari la trompe, revient puis repart. Le père d'Isabelle, peintre de talent, est reconnu de son vivant. Sa fille admire cet homme, artiste célèbre, tout en lui reprochant de faire le malheur de sa mère. Elle apprend peu à peu à se méfier des hommes et les admire néanmoins.

À trente-cinq ans, juste avant la dernière guerre, Isabelle rencontre Charles, un compagnon de son âge, au charme certain, décorateur en vogue, raffiné, esthète, drôle. Partant au combat, il lui propose de l'épouser au cas où il ne reviendrait pas. Autant qu'elle bénéficie alors d'une pension de veuve de guerre. Charles rentre sain et sauf et le jeune couple commence une vie commune heureuse.

La meilleure amie d'Isabelle accouche d'un magnifique bébé. Cela lui donne des envies de maternité et, à quarante-trois ans, à son tour, elle met au monde une fille, baptisée Micheline. Elle décide en accord avec son mari de s'arrêter de travailler pour élever leur enfant. L'enfer commence. Très vite, Charles la trompe. Elle devient taciturne, grossit, ne s'habille plus, ne se maquille plus. Les photographies sont particulièrement révélatrices. Cette très belle femme, élégante, sophistiquée, se transforme en quelques années en une « Mère Denis » triste, résignée, asexuée. Outre des relations de passage, le père de Micheline entame une liaison régulière avec une femme divorcée, mère d'un petit garçon un peu plus âgé que sa fille.

Micheline est à son tour la confidente et le « compagnon » d'infortune de sa mère. Quand son père est là, elle entretient avec lui une relation très forte. Ils se chamaillent, certes, mais s'instaure entre eux une grande communication intellectuelle et culturelle. À travers ces longues conversations houleuses, elle cherche à le séduire et à le retenir. Charles apprécie la personnalité de sa fille mais il préférerait que ce soit un garçon. D'ailleurs, il l'appelle Michel. Il joue avec elle comme si c'était un fils. Elle apprend à bricoler et restaure avec lui la maison de campagne récemment achetée. Il lui reproche de ne pas être assez bonne élève et la compare constamment au fils de sa maîtresse qui, lui, est le premier de sa classe.

Au bout d'un certain temps, le charme de sa fille devient inopérant. Il veut refaire sa vie. Sa maîtresse attend un enfant. Le père de Charles s'insurge. On ne divorce pas dans la famille. Il menace de déshériter son fils s'il passe à l'acte. La maîtresse se fait avorter. Charles ne divorcera jamais mais il part vivre définitivement avec cette deuxième femme quelques années plus tard. Il charge sa fille de veiller sur sa mère. Plus tard, il lui offre son permis de conduire pour qu'elle puisse l'emmener de Paris à leur résidence secondaire.

À quarante-quatre ans, Micheline a eu des amants et trois relations plus importantes. Depuis plusieurs années, elle est seule. Elle a peur des hommes. Et cela davantage encore depuis que son père est mort. Chaque fois, les compagnons de sa vie ont eu une liaison en parallèle. Elle ne veut plus, ne peut plus aimer car elle craint d'être trompée, puis abandonnée. Elle souffre d'une extrême jalousie, la même que sa mère a entretenue vis-à-vis de la maîtresse de son mari.

Pour renaître à elle-même, Micheline effectue un important travail sur plusieurs plans. Il faut qu'elle se libère de la culpabilité qui lui interdit de prendre sa place. Au quotidien, elle a toujours peur de mal faire, de déplaire, de ne pas être à la hauteur, de ne pas être aimée. Elle doit cesser de croire avoir fait le malheur de sa mère en naissant, de ne pas être un fils, de n'avoir pas retenu son père. Elle prend conscience que le lien avec sa mère est une répétition très exacte de la relation existant entre sa mère et sa grand-mère maternelle. Elle se rend compte qu'elle peut continuer d'aimer sa mère sans instaurer le même scénario. Acceptant les effets de la maladie d'Alzheimer, elle décide de faire appel à des personnes étrangères et compétentes pour

UN PÈRE EXEMPLAIRE

Geneviève a trente-cinq ans. Elle entreprend un travail psychologique parce qu'elle a envie d'être « mieux dans sa peau ». Elle est biologiste et exerce dans la division recherche d'un important laboratoire pharmaceutique. Son métier l'intéresse mais ne la passionne pas. Elle rêve de campagne, de s'occuper d'animaux, de vie indépendante. Célibataire, elle a eu plusieurs relations affectives qu'elle n'a pas souhaité concrétiser par une union. Elle se demande si c'est bien raisonnable. À son âge, il faudrait sans doute se stabiliser, se marier, créer une famille.

Elle est la fille aînée d'une famille de deux enfants. À sept ans, deux ans après la naissance de son frère, elle perd sa mère qui décède à trente-cinq ans d'un cancer de l'utérus. Le deuxième enfant a été conçu sur l'insistance de la mère du père qui répétait constamment que « L'idéal, c'est une famille de deux enfants ». La naissance de celui-ci a été un gros choc car on a cru qu'il était anormal à la naissance. La mère tombe rapidement malade et disparaît.

C'est la catastrophe. Geneviève est la grande qui doit être raisonnable et ne pas ajouter au chagrin du père. On lui demande de veiller sur son petit frère. Leur père ne se remariera jamais. Sa femme, décédée, devient l'idéal féminin, l'image de la perfection, la sainte. Il s'occupe de ses deux enfants lui-même, aidé au départ par une employée de maison. Peu à peu, à trois, ils forment ensemble un bloc contre le malheur. V.R.P., son travail nécessite de fréquents déplacements. En semaine, c'est Geneviève qui assure le quotidien ménager. Le week-end, on se retrouve enfin tous ensemble, comme pendant les vacances. On fait du sport, du ski l'hiver, du bateau l'été.

Geneviève rencontre de temps en temps la famille de sa mère. À sa naissance, le mariage de ses parents ayant été assez tardif, ses grands-parents maternels ne sont plus en vie. Elle a deux tantes qu'elle ne voit pas souvent mais avec qui elle s'entend bien. Geneviève est un peu jalouse de ses cousines qui ont encore leur mère. Les deux sœurs de sa mère sont des sources d'identifications féminines. Elles ne travaillent pas, sont mariées, mères de famille. Aujourd'hui, Geneviève se sent complètement différente et manque de repères.

Après la mort de son épouse, le père de Geneviève, fils unique, espace les contacts avec sa propre famille. Inconsciemment, il rend ses parents responsables de la mort de sa femme car ils ont beaucoup poussé à la naissance du second enfant. Celui qu'ils n'ont eux-mêmes jamais eu.

Geneviève met beaucoup de temps à oser prendre son indépendance. Elle n'a un logement personnel qu'à trente ans, dans la même résidence que son père. Les quelques hommes qu'elle lui a présentés ont été sévèrement critiqués. Ils n'étaient pas assez bien pour elle. Son frère vit encore dans l'appartement familial et on ne lui a connu qu'une relation féminine. Cette liaison s'est arrêtée au bout d'un an. Leur père vieillit, a des problèmes cardiaques et culpabilise beaucoup sa fille. Elle craint qu'il ne lui arrive un malaise en son absence. Il lui téléphone tous les soirs pour savoir si elle est bien rentrée et plusieurs fois par jour au bureau. Jusqu'alors, elle ne s'autorisait pas à passer ses week-ends sans son père et son frère.

Qu'est-ce que Geneviève répète ? Sans s'en rendre compte, elle a remplacé sa mère, à laquelle elle ressemble beaucoup, auprès de son père. Elle est devenue elle aussi sa femme idéale. Parallèlement, elle fait couple avec son frère, qui s'est montré également hostile aux hommes qu'elle connaissait. Elle est prisonnière de ce trio et joue le rôle, au fur et à mesure de sa maladie, de l'infirmière du père. Pour elle, inconsciemment, le mariage et la maternité la mettent en péril de mort.

Au moment où elle atteint l'âge auquel sa mère est morte, elle entreprend un travail psychologique pour renaître à elle-même. Geneviève apprend peu à peu à être autonome vis-à-vis de son père et de son frère. Elle part à la découverte du modèle de femme qu'elle souhaite vraiment être.

AMBIVALENCE

Camille, vingt-quatre ans, me consulte car elle traverse une grave crise affective. Elle a vécu pendant deux ans une liaison orageuse avec une autre femme qui vient de la quitter. Elle oscille entre des états de tristesse, de prostration et des accès de colère, de rage intenses. Elle n'a jamais eu de relation sexuelle avec un homme, ne ressentant pas de désir, alors qu'elle est attirée par les femmes. Après cette rupture, elle se pose des questions sur sa véritable identité.

Troisième d'une famille de trois filles, elle porte le prénom de son père. En fait, elle m'explique que selon la volonté de sa mère, il s'agit de celui de sa marraine. Celle-ci est la plus jeune sœur de la maman et s'appelle également Camille.

Elle est conçue dans des circonstances dramatiques, douze ans après sa seconde sœur. Ses parents ont essayé des années auparavant d'avoir un troisième enfant, espérant enfin un fils, mais les médecins ont diagnostiqué une stérilité chez la mère. De liaison en liaison, son père a rencontré une autre femme dont il est vraiment amoureux. Cette relation est suffisamment importante pour qu'il en parle à son épouse et lui présente sa maîtresse. Il envisage de vivre dans une situation de bigamie, ne pouvant choisir, ne voulant pas divorcer et espérant que les deux femmes s'entendront assez bien pour instaurer un modus vivendi. Très épris de son nouvel amour, il n'en continue pas moins d'être attaché à son épouse et d'avoir des relations sexuelles avec elle.

C'est alors que celle-ci, à la stupéfaction générale, conçoit un troisième enfant. La maîtresse ulcérée décide de quitter son amant. Naît le bébé, encore une fille. C'est la consternation. Pendant trois jours, on ne sait comment la prénommer. Le couple ne se remettra jamais de cette crise. Le mari devient de plus en plus renfermé, taciturne, se murant dans ses activités professionnelles, son devoir paternel, ses aventures extraconjugales. L'épouse ne pardonnera jamais.

Brigitte, la mère de Camille, est la fille aînée d'une fratrie de huit enfants. Son père, notaire, est froid, autoritaire, distant. Sa mère se marie enceinte au grand scandale des familles. Elle n'accepte jamais Brigitte, cette première fille, la seule qu'elle met en pension dès l'âge de six ans. Ses sœurs, elles, sont externes, de même que ses frères. Seuls les garçons sont reconnus par leurs parents, les filles considérées comme quantité négligeable. Les quatre fils embrassent une carrière juridique. La seule issue, pour elle, c'est de faire des études de haut niveau pour être admirée à son tour. Elle veut devenir chirurgien et rencontre à l'hôpital son futur mari.

Il est lui aussi chirurgien et apparaît comme très différent des hommes qu'elle a connus dans sa famille. Brillant dans ses études, il n'en est pas moins humain, drôle, enjoué, original, artiste. Il a perdu son propre père à l'adolescence. Il a une bonne relation avec sa mère qui incarne toutefois les mêmes valeurs religieuses et morales que celles de la famille de sa future femme, mais le tout avec une grande gentillesse et beaucoup d'affection. Le couple s'installe dans un mariage-compagnonnage. Tous deux travaillent beaucoup. Souvent, les deux filles aînées sont confiées à leur grand-mère paternelle.

Au cours de son travail psychogénéalogique, Camille prend conscience que sa mère a été profondément blessée dans sa féminité. En conflit avec sa propre mère, au sein d'une famille qui dévalorisait totalement les femmes, mise en pension très jeune, elle n'a eu aucun modèle féminin auquel s'identifier. Pour être aimée, il fallait être comme ses frères. La maternité est une charge et une prison, mettre au monde des filles un échec.

Quant à son père, il a eu un problème avec son propre père. Il se rend responsable et coupable de la mort de celui-ci, emporté par un infarctus à la suite d'une vive contrariété que son fils lui aurait causée. On n'a jamais su quelle avait été la nature de ce conflit. Pour lui, inconsciemment, le mariage et la paternité entraînent la mort. Il trompe constamment sa femme pour ne surtout pas ressembler à son père, époux fidèle, et pour se valoriser en tant qu'homme, se prouver qu'il est digne d'être aimé, lui le parricide.

Camille comprend que, pour s'autoriser à vivre, elle a à se libérer du poids des circonstances de sa naissance et du fait de ne pas être un fils. Elle intègre qu'elle est inconsciemment le fruit de la rivalité homosexuelle entre sa mère et la maîtresse de son père. Par ailleurs, sa mère est en relation conflictuelle, alternant amour et haine, avec sa dernière sœur qu'elle a choisie pour marraine et qui porte le prénom de son mari. En effet, celle-ci, en tant que benjamine, a eu un statut plus privilégié, bien que fille. Camille prend conscience qu'à travers son désir des femmes, elle réalise l'homosexualité inconsciente de sa mère et qu'à travers son rejet des hommes, elle punit son père de sa légèreté et de sa lâcheté affectives. Elle se donne le droit d'être elle-même en réalisant que ses souffrances étaient dues aux névroses de ses parents, conséquences d'une chaîne de non-amour généalogique. Réconciliée avec le fait de porter également le prénom de son père, elle choisit de vivre plus consciemment et plus paisiblement son attirance pour les femmes afin de ne pas reproduire les relations conflictuelles de sa mère. Elle communique davantage avec les hommes puisqu'elle ne les considère plus comme des rivaux ou des ennemis.

ANOREXIE

Murielle, vingt-trois ans, me rencontre sur les conseils de son gynécologue. Elle a traversé un grave épisode anorexique pendant sa préparation à H.E.C. Maintenant, tout est rentré dans l'ordre mais il subsiste un non-fonctionnement ovarien. Elle a envie de comprendre ce qui s'est passé et d'aller plus loin.

C'est aujourd'hui une étudiante heureuse, douée, qui suit facilement son cursus d'études et prend des responsabilités au bureau des élèves. Sur le plan affectif, elle se sent ambivalente. Elle n'a pas envie de relations multiples. Elle associe affectivité et sexualité. Elle ne veut pas non plus s'engager dans un lien stable qui la limiterait dans ses projets mais elle se sent bien seule malgré ses nombreux camarades et ses activités culturelles et sportives multiples. Elle désire séjourner à l'étranger pour des stages et faire plusieurs expériences professionnelles. Ensuite, elle envisagera de se marier et de fonder une famille.

Elle est encore très liée à ses parents, proche de sa mère, surtout, avec qui elle a été en forte symbiose durant son enfance et son adolescence. Elle est en conflit avec son père mais la relation n'en est pas moins intense.

C'est la quatrième d'une famille de quatre. Sont nés avant elle trois frères, tous désirés. Murielle est un

« accident » survenu quand ses parents avaient la quarantaine et traversaient une importante crise conjugale. Ils lui ont souvent dit qu'à cause d'elle, ils n'avaient pas divorcé et elle en porte la culpabilité. En fait, ils vivent toujours ensemble et ne se quitteront probablement jamais. Cette rupture restait à l'état dc fantasme et il est important qu'elle se libère de ce poids.

Sa mère, délaissée par son mari qui a des liaisons, fait de sa seule et unique fille, une sœur, une amie, une complice. Murielle est très vite confrontée à des problèmes d'adulte, à des difficultés de couple, ce qui la rend rapidement trop mûre pour son âge. Elle admire beaucoup les grands que sont ses trois frères mais qui, compte tenu de la différence d'âge, de leurs études et unions respectives, ne constituent ni des compagnons de jeu, ni d'études, ni de sorties.

La mère de Murielle est elle-même très attachée à sa famille. Après un accouchement périlleux, les médecins ont formellement déconseillé à sa propre mère d'avoir un autre enfant, elle est donc enfant unique. La grand-mère maternelle de Murielle est une femme de cœur qui entoure beaucoup sa fille, partage avec elle le goût de la culture, des voyages, de la marche, de la botanique. Mère et fille sont souvent ensemble car le grand-père maternel voyage pour son travail. Il a des maîtresses, mais sa femme ferme les yeux. Elle se sent coupable de ne pas pouvoir donner toute satisfaction à son mari compte tenu de son problème gynécologique lui interdisant d'avoir un autre bébé, à une époque où la contraception moderne n'existe pas.

Murielle découvre la trame psychogénéalogique de sa relation avec sa mère. Un lien identique existe entre sa mère et sa grand-mère. Le couple de ses parents répète le même scénario que ses grands-parents maternels. À chaque génération, on retrouve un problème gynécologique. Sa mère n'a pas de difficulté particulière, mais son mari l'a beaucoup culpabilisée de la conception de ce quatrième enfant imprévu. Comme les parents sont catholiques, l'avortement n'a pas été envisagé.

Son père, maintenant à la retraite, a également beaucoup voyagé pour son travail. Directeur commercial, il a sillonné le monde entier. C'est un homme intelligent, brillant, devant qui toute la famille tremble. Catholique intégriste, d'extrême droite, il est homme de devoir... malgré ses incartades conjugales. Il a reçu une éducation extrêmement sévère et rigide. Aîné de ses deux frères, il est fils d'un commandant de la Marine marchande, petit-fils de gradé de la Marine nationale, arrière-petit-fils de marin. En tant que premier-né, il porte les prénoms de son père et de son grand-père paternel.

Les frères de Murielle prennent leur indépendance en répétant la passion des voyages et de l'étranger — chacun réside dans un pays différent — mais en rompant avec les études commerciales et la Marine. Les choix professionnels, les concubinages puis les mariages n'ont pas toujours été admis par le père et il y a eu des séances homériques à la maison. La naissance des petits-enfants, porteurs du nom de la lignée, a cependant bien calmé les tempêtes.

Murielle prend conscience que, tout en s'opposant à son père, elle suit pas à pas ses traces sur le plan professionnel. Lui-même est H.E.C., trilingue français-anglais-allemand. Elle fait des démarches pour effectuer des stages en entreprise aux États-Unis et en Allemagne. Elle envisage de beaucoup voyager. Pour être aimée de son père, qui ne reconnaît pas sa féminité, elle devient son double professionnel. Elle reprend le flambeau. Elle est l'héritier qui dépasse ses frères.

Elle comprend l'origine de son anorexie. Celle-ci est survenue lors d'un surmenage pour la préparation du concours d'entrée et d'une grande angoisse de ne pas atteindre au but, de ne pas y arriver. Elle veut réussir comme un homme ; du coup elle est en conflit avec son corps de femme. Elle refuse les rondeurs qui la différencient des garçons.

Murielle effectue un important travail pour devenir elle-même et intégrer sa féminité. Elle se libère de l'image de victime de sa mère et de sa grand-mère maternelle ainsi que de l'assujettissement à son père.

LE SPERME COUPABLE

Bernard, trente-six ans, vient me voir à la demande de son médecin car il souffre d'éjaculation précoce sans origine physiologique. Jusqu'à ces deux dernières années, il avait conscience de ce problème mais cela ne le préoccupait pas outre mesure. Il était surtout accaparé par son travail et n'avait que des amies de passage, ne l'engageant pas affectivement. Ayant soudain pris conscience que le temps passait et qu'il souhaitait avoir des enfants, il s'est marié à trente-trois ans. Ce problème d'éjaculation précoce est devenu obsédant car sa femme menace de le quitter s'il ne se soigne pas. Et aucun bébé n'est venu.

Comme à tous les patients souffrant de ce problème sexuel sans cause physiologique, je lui demande s'il a le même symptôme au cours d'un nouveau rapport suivant rapidement le premier. Il me dit qu'il n'a jamais essayé — réponse identique dans tous les cas. Il découvre qu'il s'interdit inconsciemment à la fois le plaisir de la pénétration et de la durée de l'acte sexuel. Quelles sont les origines de ces deux blocages ?

Deuxième et dernier enfant, il n'était pas désiré car déjà le couple allait très mal. Il a une sœur aînée, de cinq ans plus âgée que lui. Sa mère s'est mariée enceinte. Très vite, elle a été malheureuse en ménage et a toujours répété à ses enfants qu'elle était restée à cause d'eux. Son père est un homme très pris par son travail, peu présent à la maison et ayant toujours eu de nombreuses maîtresses. En tant que fils, Bernard est devenu peu à peu le confident, l'ami, l'homme idéal de sa mère. Pour l'aimer, il a pris parti contre son père. Sa mère est avant tout victime de la sexualité masculine. Elle a cédé à ce jeune homme sans l'aimer vraiment, a été contrainte de l'épouser, a vécu emprisonnée ; elle est trompée. De son père, Bernard a retenu les qualités professionnelles de sérieux, d'ambition. Mais il n'a jamais eu de véritable relation avec lui. Ce père ne lui a pas proposé de modèle d'homme en ce qui concerne la vie affective.

Sa grand-mère maternelle a elle-même été victime de la sexualité masculine. Elle s'est également mariée enceinte et son couple n'a pas été heureux. Son mari l'a aussi toujours trompée. Sa fille a peu à peu intégré qu'il faut se méfier des hommes. Sa mère lui disait « Qu'ils ne pensent qu'à ça » et que « La grossesse est la punition des rapports sexuels ». Nous constatons que la grand-mère maternelle de Bernard et sa mère ont été enceintes au même âge, se sont mariées au même âge, ont fait chambre à part au même âge. Son grand-père maternel ressemble étrangement à son père, tous les deux cavaleurs, tous les deux absents de la maison, tous les deux mutiques, travailleurs, artisans ayant assumé leur famille financièrement mais sans échange affectif ni intellectuel.

Bernard qui aime sincèrement sa femme n'a aucune envie de la rendre malheureuse comme sa mère et sa grand-mère l'ont été du fait de leur mari. Il s'interdit le plaisir sexuel parce qu'il est source de détresse pour les femmes. Il s'interdit également la paternité car l'enfant génère l'emprisonnement de la mère. Il n'a aucun modèle de couple complice, heureux affectivement et sexuellement. Il ne peut pas non plus s'autoriser une vie avec des maîtresses puisque vivre comme cela c'est être, à ses yeux, un salaud comme son père et son grand-père et risquer de mettre une compagne enceinte.

Son père vient d'une famille nombreuse. Le couple de ses parents, simples paysans, s'entendait bien. Ce fut un mariage d'amour, couronné par onze enfants. Il y avait l'affection certes, mais aussi une redoutable pauvreté. Chaque enfant qui venait devenait une bouche de plus à nourrir.

Le père de Bernard, lui, s'est juré de ne jamais être dans le besoin. C'est celui qui a le mieux réussi et a entretenu sa mère, devenue veuve. Psychogénéalogiquement, la seule image positive de couple est liée au dénuement et à la pauvreté, donc source de grande angoisse. Bernard a fait des études, il entend être reconnu socialement et gagner beaucoup d'argent. Il vient d'ailleurs d'acheter le château du village où ont vécu ses grands-parents paternels. Il souhaite répéter la revanche économique de son père.

Au fil de son travail psychologique, Bernard prend conscience des pièges de ses identifications et cherche à se libérer des répétitions qui l'empêchent d'être lui-même. Il choisit de continuer à vivre les modèles d'insertion sociale de son père et de son grand-père maternel tout en travaillant beaucoup comme tous les hommes de la famille. Il dénoue les associations psychogénéalogiques lui faisant croire que le bonheur conjugal va de pair avec la pauvreté, que la sexualité masculine rend forcément la femme malheureuse, que l'enfant est un piège. Il apprend peu à peu à mieux communiquer avec son épouse. Leur vie sexuelle s'épanouit. Ils espèrent un enfant.

MONSIEUR SALOMON

Samuel, quarante-sept ans, prend rendez-vous en pleine dépression. Il a perdu tous ses repères, notamment professionnels. N'ayant pas pu faire d'études par manque de moyens financiers, il a néanmoins réussi une belle carrière dans la banque, puis comme agent de change. Ainsi que tous les membres de la profession, il a essuyé le krach boursier. Par ses compétences et ses relations, il a redressé la barre et obtenu un poste de secrétaire général dans un établissement financier. Après quelques années, il donne sa démission, choisit de se reconvertir, suit une formation et souhaite créer, en profession libérale, un cabinet de conseil en gestion de patrimoine. Il s'effondre. Il n'arrive pas à démarrer concrètement ce cabinet, à mettre son projet en œuvre et est en proie à de vives inquiétudes concernant son statut social et son budget. Par ailleurs, il est encore fasciné par une femme avec laquelle il est conscient d'entretenir une relation sadomasochiste. Cela accentue bien sûr sa déstabilisation.

D'origine juive, il est né au Maroc et occupe le rang de fils aîné. Il a peu connu son père car très vite, l'entente du couple périclite. La mère est enceinte de sa sœur lorsque le père part pour Israël sans donner ni nouvelles ni argent. Sa mère se retrouve seule pour élever ses deux enfants, place sa fille chez une amie de la famille et son fils à l'orphelinat catholique. Pour ce faire, il est baptisé. Son obsession : que les enfants puissent manger. La mère de Samuel travaille. Plusieurs années après, elle se remarie, reprend avec elle ses deux enfants et met au monde un autre fils. Samuel a une très bonne relation avec son beau-père qui lui apporte beaucoup d'affection. Mais c'est un homme effacé qu'il prend psychologiquement en charge lorsque la famille quitte le Maroc pour la France puis lors du divorce d'avec sa mère, quinze ans après leur union.

Au cours de son travail psychogénéalogique, il prend conscience qu'il a toujours été missionné par sa mère pour être l'homme sur lequel on peut compter. Il a hérité de toute la tradition juive concernant le fils aîné. Il doit être le chef de clan qui prend en charge. Samuel a toujours agi. Mais il découvre que derrière ce comportement actif, dynamique, se cache une grande angoisse. Il a constamment peur de ne pas y arriver, de ne pas être à la hauteur. Il faut qu'il se prouve et qu'il prouve aux autres ses compétences, sans jamais être rassuré. Angoissé perpétuel, il est incapable de se détendre. Ce stress permanent finit par altérer sa santé.

Il est très préoccupé par la crainte de ne pas être un bon père car son propre père lui a cruellement manqué et il voudrait apparaître comme un roc à ses enfants. Ayant divorcé à la demande de sa femme quand ses deux fils étaient en bas âge, il a beaucoup souffert d'être privé de leur présence au quotidien. Pour lui, être papa, c'est donner une image de force, assumer et payer. Vivre homme, c'est faire comme sa mère lui a dit. Étant actuellement en difficulté financière, il craint que ses enfants ne le rejettent. Et parfois, comme son père, il a la tentation de se cacher et de fuir en Israël.

Au cours de notre second entretien, il m'explique que sa mère a épousé son père par dépit. En fait, son grand amour a été Monsieur Salomon, « homme de bien », beaucoup plus âgé qu'elle, dont la femme était malade, incurable.

La mère de Samuel fut sa maîtresse pendant deux ans et, à ce titre, généreusement entretenue. Salomon adorait cette toute jeune compagne et voulait qu'elle ne manque de rien. Il souhaitait l'épouser à la mort de sa femme. La mère de Samuel ne voulut pas attendre. C'était un juif riche, cultivé ; un notable qui avait le souci d'aider les pauvres. Samuel prend soudain conscience que toute sa vie est construite sur l'identification à « Monsieur Salomon ». Sans le savoir, pour être aimé de sa mère, il répète ce modèle. Bien qu'il ne soit pas génétiquement de la famille, ce dernier est un élément fondamental de la psychogénéalogie de Samuel. En effet, il n'existe pas pour ce qu'il est mais pour ce qu'il fait, pour ce qu'il donne, et donner, pour lui, c'est donner de l'argent. Par ailleurs, bien qu'autodidacte, il a développé, comme référence, une grande culture spirituelle rassemblant les traditions juives, chrétiennes et musulmanes.

Il découvre peu à peu la haine inconsciente de sa mère envers les hommes. Celle-ci n'a pu mener à bien aucune des relations masculines qu'elle a entreprises. D'une certaine façon, l'homme est tout d'abord mis sur un piédestal, puis rejeté ensuite. Il incarne une fonction mais n'est pas une personne. L'amour n'existe pas. Elle-même n'a pas reçu beaucoup d'affection dans son enfance. Sixième d'une famille de huit, elle a grandi toute seule, sans attention, comme ses frères et sœurs. Ses parents étaient très pauvres, le couple souvent en conflit. Elle rêvait à un autre monde, symbolisé par les riches villas de Marrakech. Un jour, peut-être...

Samuel intègre que cette crise dépressive qu'il traverse est un appel à transformer le système de valeurs sur lequel il a construit sa vie. Tant qu'il se confondra avec le désir de revanche de sa mère et le modèle de Monsieur Salomon, il ne pourra pas accéder à son vrai moi.

Peu à peu, il se détend, découvre le plaisir d'exister. Sa communication avec ses enfants s'améliore, devient plus affective, plus chaleureuse. Il rompt définitivement avec sa dernière liaison car il prend conscience qu'il a retrouvé le même type de femme que sa mère. Il ne veut plus rejouer le scénario du sauveur. Il trouve une nouvelle situation qui le satisfait pour l'instant, jugeant finalement peu opportun de monter actuellement son cabinet.

MOURIR POUR L'ÉNA

Monique, trente et un ans, me consulte. Elle a perdu le goût de vivre et se sent agressive dans ses rapports avec les autres. Elle a l'impression que sa vie est un échec, que rien ne sert à rien. Elle a passé le concours de l'É.N.A. il y a quatre ans et a échoué. Elle se sent dans l'impossibilité de le représenter. Elle travaille dans une administration, une voie de garage à ses yeux, et s'ennuie profondément.

Depuis son échec à ce concours, son père est mort. Elle découvre que c'est pour lui qu'elle a fait ces études, qu'elle s'est présentée à cet examen. Elle souffre de n'avoir pu lui donner la joie de sa réussite. En fait, elle a cessé d'exister depuis qu'elle a échoué. Elle est devenue une morte-vivante qui se punit et regarde défiler la vie plutôt que d'y participer.

Son père rêvait d'être aviateur. Il a lui-même raté un concours lui permettant d'accéder à cette profession. Cet examen, il n'a jamais pu le repasser du fait de la guerre. Il a dû se contenter d'une situation à la S.N.C.F. Il a fait une belle carrière mais ne s'est jamais remis de l'abandon de son rêve. Monique prend conscience qu'elle répète l'histoire de son père et qu'elle s'interdit inconsciemment de le dépasser.

On retrouve la même problématique chez son grand-père paternel. Lui-même n'a jamais exercé la profession qu'il souhaitait du fait de circonstances socio-économiques.

Sa famille était trop pauvre pour qu'il puisse continuer ses études bien que l'instituteur du village ait remarqué ce garçon doué.

La mère de Monique, dans des circonstances dramatiques, a perdu le contact avec un enfant né d'un premier mariage. Son mari a demandé le divorce et obtenu la garde de cet enfant puis est parti à l'étranger sans donner de nouvelles. Elle-même, née de père inconnu, a perdu sa mère à trois ans et a alterné séjours à l'orphelinat et chez divers oncles et tantes. Au cours de son enfance et de son adolescence, elle a appris à se résigner pour survivre. Quand son premier mari a voulu la quitter, elle a répété cette attitude en ne se battant pas pour son enfant. Il est intéressant de noter, au niveau des répétitions, que ce dernier avait alors trois ans.

Monique constate qu'elle reproduit l'échec et la résignation de sa psychogénéalogie et qu'elle ne s'autorise pas à être différente de son père et de sa mère. Elle choisit de repasser le concours de l'É.N.A., cette fois-ci sans angoisse, comme une possibilité qui lui est offerte, et non comme un verdict de vie ou de mort.

UN CANCER DU SEIN

Maryvonne, cinquante et un ans, est soignée médicalement pour un cancer du sein. Elle s'adresse à moi sur les conseils de son médecin traitant qui a conscience de l'importance du psychisme en ce qui concerne les causes et l'évolution de cette maladie. Nous entreprenons ensemble un travail pour approfondir les conditions psychologiques de l'apparition de sa maladie et son histoire psychogénéalogique. L'enjeu est important car il s'agit de se donner les chances maximales de guérison.

Son cancer est apparu lorsque son mari a eu une liaison. Elle a énormément souffert de cette infidélité. Il s'est beaucoup confié à elle et elle l'a écouté sans broncher par peur de le perdre. Son couple n'est plus en danger puisque son mari a renoncé à cette relation au bout de quelques mois. Mais elle y pense chaque jour. Il nous faut travailler sur deux axes. Quelle douleur ancienne cette situation ravive-t-elle, d'une part, et d'autre part, pourquoi refoule-t-elle ses émotions et ses sentiments dans la peur panique d'être abandonnée ?

Maryvonne est une enfant adoptée. Psychologiquement, deux arbres généalogiques, celui de la famille adoptive et celui de la famille génétique, la structurent. Si ce n'est l'abandon, elle ne sait rien de sa famille de naissance. Nous analysons donc en premier lieu la famille d'adoption. Elle a beaucoup aimé ses parents. Elle se rend compte peu à peu qu'elle faisait d'importants efforts pour répondre à la demande de ceux-ci qui n'avaient pas pu avoir d'enfant. Ils l'avaient recueillie, âgés respectivement de quarante-deux et quarante-huit ans. Elle a unc image très positive de sa mère, femme jolie, élégante, raffinée, artiste. Elle s'est identifiée à cette femme dont elle reproduit avec bonheur la féminité. Sa mère adoptive a subi l'ablation d'un sein suite à un cancer quand Maryvonne avait cinq ans. Celle-ci se souvient très bien du séjour en clinique. Alors qu'il n'y a aucune hérédité biologique, elle prend conscience que, lorsqu'elle est en danger d'être abandonnée, elle contracte la même maladie.

Elle a également beaucoup aimé son père adoptif qui était réservé, discret, et qui exprimait peu ses émotions. Elle communique de la même façon avec son mari, ses enfants, ses proches. Elle n'a pas connu ses grands-parents car ils étaient décédés lors de son adoption. Ses parents parlaient peu de leur famille. Ce dont elle se souvient, c'est qu'il existait des enfants naturels au niveau des grands-parents et des arrière-grands-parents mais ne peut en savoir davantage car son père est mort lorsqu'elle a eu vingt et un ans et sa mère un an plus tard. Tous deux étaient enfants uniques, il n'y a donc pas d'oncle ou de tante pouvant fournir des informations.

Maryvonne est elle aussi une enfant naturelle. Au cours de son travail psychogénéalogique, elle comprend la nécessité d'essayer de retrouver sa famille d'origine. Grâce à une amie de ses parents adoptifs et à l'assiduité de ses démarches, elle arrive à retrouver sa mère. Cela ravive beaucoup d'attentes, d'émotions, de satisfactions et de déceptions. Sa mère génétique est tour à tour ravie et réticente. Patiemment, Maryvonne lui pose des questions. Parfois sa mère élude, parfois elle répond : Maryvonne est le fruit d'une liaison qu'elle a eue après son veuvage avec un homme marié. Ses demi-frères et sœurs sont quelque peu inquiets devant la nouvelle venue dont ils ignoraient l'existence, se demandant ce qu'elle cherche. Il n'en reste pas moins que des liens amicaux se tissent et que l'ancienne enfant abandonnée se réconcilie petit à petit avec ses origines. Elle découvre certaines répétitions que, bien sûr, elle ignorait. Maryvonne a eu son premier enfant à l'âge où sa mère a eu elle-même le sien. Son père, lorsqu'il l'a conçue, avait cinquante-trois ans, comme son mari lors de sa liaison.

Les derniers bilans médicaux sont satisfaisants. Maryvonne se sent davantage en paix avec elle-même. Sa relation avec son mari s'est approfondie, enrichie. Elle apprend à s'exprimer véritablement sans crainte d'être rejetée. Elle a compris que la liaison de son mari avait remis en scène la souffrance de l'enfant abandonnée qui croyait devoir se donner beaucoup de mal pour être aimée de ses parents adoptifs.

4.

SE LIBÉRER

RENAÎTRE

Quand nous prenons conscience des mécanismes psychogénéalogiques, des projections dont nous avons fait l'objet, des identifications que nous avons assimilées, des répétitions que nous vivons, nous sommes parfois submergé, angoissé, découragé. Nous avons alors l'impression de n'être que la conséquence d'une somme de déterminismes.

Et pourtant, impossible de devenir un être humain sans passer par ces processus. Autrement, nous serions enfant-sauvage, « enfant-loup », « enfant-lion ».

Cette famille qui vit en nous nous apporte, dans certains cas, des projections, des identifications et des répétitions qui nous conviennent, car elles sont en accord avec notre moi le plus profond.

En revanche, il est fondamental de nous délivrer de ce qui nous empêche d'être en paix avec nous-même, d'aimer les autres, de vivre. Se libérer, c'est possible... en travaillant sur soi. Il n'y a pas d'autres façons de renaître.

J'espère que ce livre permettra au lecteur d'apprendre à se poser des questions et de prendre conscience de certains facteurs familiaux sources de malheurs. Il n'en reste pas moins vrai que pour lever les blocages les plus importants, l'aide d'un thérapeute est absolument nécessaire.

Notre enfance et notre adolescence appartiennent au passé. Il nous est impossible de changer notre histoire. Ce que nous pouvons transformer, c'est notre attitude intérieure par rapport à cette histoire, nos points de vue sur nous-même, notre famille, et par conséquent les séquelles négatives de notre psychogénéalogie.

Un jour, il faut bien enfin accepter que nos parents n'aient pas été des dieux, mais de simples humains. Ils ont fait ce qu'ils ont pu en fonction de leur propre névrose familiale.

Parallèlement, il est essentiel que nous nous pardonnions de n'avoir pas été « l'enfant-dieu » dont nos parents rêvaient. Combler leurs attentes inconscientes représente une mission impossible. Nous dévaloriser constamment et nous empêcher de vivre n'est pas une solution !

Renaître, c'est apprendre à nous connaître, à être nous-même au présent, à prendre en charge nos désirs, nos aspirations réelles. C'est, d'une certaine façon, devenir notre propre mère, notre propre père, puis notre bébé, notre enfant, notre adolescent, notre adulte. C'est être à l'écoute de notre moi pour nous donner ce que nous n'avons pas reçu, pour nous aimer tel(le) que nous sommes, ici et maintenant. S'aimer, c'est être en harmonie avec soi. Cela n'a rien d'égoïste, car ce n'est qu'à cette condition que l'on peut véritablement aimer les autres.

Renaître, c'est un travail de vigilance.

Combien de fois par jour nous critiquons-nous, nous comparons-nous aux autres négativement, nous dénigrons-nous ? Oserions-nous traiter un ami ou une amie comme nous nous traitons ? Petit à petit, nous devons abandonner notre juge intérieur, notre « bourreau portatif ». Contrairement à ce que nous croyons, « l'herbe n'est pas toujours plus verte ailleurs » et les autres ne sont pas des modèles idéaux en marbre blanc, mais des êtres humains comme nous.

Laissons vivre notre corps en paix. Arrêtons de le juger, de vouloir constamment le transformer, l'adapter aux normes esthétiques à la mode. Rien de plus difficile quand notre famille ne nous a pas donné confiance en notre physique. C'est même héroïque, notamment pour les femmes, dans cette société où la pression des médias concernant les archétypes esthétiques confère à la folie. On nous propose comme norme des mannequins qui constituent des exceptions, sans rapport avec l'ensemble de la population et dont la carrière se termine très jeune. Quand comprendra-t-on que chaque visage, chaque corps est unique, que chaque être a une beauté spécifique, particulière ? Et l'épanouissement de cette beauté n'est-elle pas avant tout le fruit d'un équilibre intérieur, d'un rayonnement, d'une sérénité ?

Notre corps est ce qu'il est. Traitons-le bien, avec respect, en lui donnant ce dont il a besoin. Ce n'est pas toujours facile compte tenu de nos conditions de vie familiale et sociale. Essayons de lui procurer le sommeil qui lui est bénéfique, l'hygiène qui lui est agréable et le met en valeur, la nourriture qui lui convient et un maximum de détente pour lui éviter le stress. Apprenons à ressentir ce qui nous plaît, ce qui nous correspond.

Osons faire de nouvelles expériences. Par exemple, quels sont les vêtements que nous aimons vraiment ? Cessons de « reproduire ». Essayons ce que nous n'avons jamais porté et qui nous fait envie. Quelles sont les matières, les couleurs, les formes qui nous attirent ? Arrêtons de nous habiller en fonction des goûts imposés par notre famille. Satisfaisons notre vrai moi.

Que pensons-nous de nous sexuellement ? Il serait peut-être urgent, pour beaucoup d'entre nous, d'accepter l'idée que nous pouvons plaire, séduire, être désiré(e). Certains hommes sont convaincus d'être des amants exécrables. Bien des femmes se croient frigides ou sont convaincues de n'être pas attirées par « la chose ». D'autres encore s'occupent tellement du plaisir de leur partenaire qu'ils ou elles finissent par oublier complètement le leur. La sexualité est-elle pour nous quelque chose de sale ou de dramatique ? Sommes-nous encore coupable de nous masturber ? Vivons-nous comme Don Juan qui veut conquérir toutes les femmes par compensation inconsciente ? Sommes-nous une allumeuse qui n'existe qu'à travers la séduction qu'elle exerce ? Nous culpabilisons-nous de notre homosexualité ?

S'aimer en tant qu'être sexué, c'est se découvrir tel que l'on est, avec ses attirances, ses désirs, ses fantasmes. Bien sûr, notre liberté dans une sexualité équilibrée s'arrête là où commence celle de l'autre. Mais osons-nous dire ce dont nous avons envie ? Osons-nous également demander à l'autre ce qui lui plaît ? La sexualité, c'est aussi la sensualité, le jeu, la créativité, l'imagination. Sommes-nous enfermé(e) dans un personnage dont nous sommes prisonnier(e), faisons-nous toujours l'amour de la même façon ? S'épanouir en tant qu'être sexué, c'est apprendre à se connaître, à s'accepter, à sortir de l'habitude, à communiquer avec l'autre.

Comment concevons-nous notre personnalité ? Il serait bon que nous nous traitions avec un peu d'affection, que nous nous débarrassions de certaines étiquettes tenaces : « J'ai un sale caractère », « Personne ne m'aime », « Je ne vaux pas la peine qu'on s'intéresse à moi », « Je suis antipathique ». De même, il serait fort utile que nous abandonnions la collection préférée de jugements moraux généralement négatifs nous concernant. Il faut parfois une demi-heure, en séance de thérapie ou en stage, pour qu'un patient puisse fournir dix facettes positives de sa personnalité ! N'oublions jamais, d'ailleurs, que qualités et défauts sont l'ombre et la lumière des mêmes caractéristiques. C'est tellement vrai qu'en psychothérapie, il faut toujours faire travailler l'opposé. Par exemple, quelle violence se cache derrière un imperturbable calme ? Quelle fragilité se masque derrière une attitude agressive ? Quelle colère se dissimule derrière un apparent détachement ? Pour pouvoir s'aimer, il faut repérer ce que nous jugeons négativement en nous et savoir l'utiliser.

Ainsi, par exemple, nous sommes jaloux. Terriblement jaloux. Et en outre, cela nous fait horriblement souffrir. Au risque de vous surprendre, la jalousie n'est pas un défaut, mais une attitude névrotique très répandue. Être jaloux ou jalouse, c'est être persuadé(e) dans la vie courante, que l'autre est mieux que soi, et dans l'amour, que chaque femme ou chaque homme pourrait apporter bien plus à l'être aimé(e). La jalousie, c'est toujours une comparaison et une dévalorisation de soi. C'est aussi, parfois dans la passion, l'expression de rivalités homosexuelles inconscientes. Interviennent également des sentiments d'envie et d'abandon.

Autre cas, nous sommes coléreux. Parfois, nous explosons littéralement ! A posteriori, nous avons honte de nous être mis dans des états pareils. Là encore, la colère n'est pas un défaut. C'est une incapacité à s'exprimer. Si nous sommes comme on dit « soupe au lait », il faut détecter ce qui fait monter la pression, travailler nos émotions. Peut-être accumulons-nous trop de stress et une activité physique nous détendrait-elle ? Ou encore, nous exprimons ainsi une frustration beaucoup plus profonde dont nous pourrions nous libérer après l'avoir analysée. Si nous rentrons dans des colères froides, « blanches », nous avons emmagasiné énormément d'agressivité à l'intérieur de nous et la « Cocotte-Minute » explose. Nous n'avons pas pris conscience de notre mécontentement sans cesse grandissant. En fait, nous craignons le conflit, nous ne savons pas le gérer, nous nous taisons, nous « faisons l'autruche » et, à force, l'irréparable arrive. Nous pouvons nous exercer à formuler nos différends dès qu'ils apparaissent dans un dialogue calme... même si cela nc s'est jamais fait dans notre famille.

Quelle perception avons-nous de notre intellect ? Là encore, soyons attentifs et regardons le catalogue de nos minimisations intellectuelles. C'est en général impressionnant ! Nous ne sommes pas doué pour ceci ou pour cela, nous n'avons jamais pu, d'ailleurs nous n'y arriverons jamais. Les autres sont plus compétents, plus rapides, plus brillants, plus cultivés. De multiples petites voix intérieures, tout au long de la journée, répètent notre histoire généalogique. Être en paix avec son intellect, c'est chercher ce que l'on aime vraiment, ce qui nous intéresse, c'est oser expérimenter, c'est rendre possible ce que l'on croyait impossible. Tout le monde n'a pas la même forme d'intelligence ni la même forme de culture. Là aussi, la pression de notre société se montre redoutable. Elle nous fait confondre intelligence et niveau d'études, culture et accumulation de connaissances, information et matraquage d'idées. Utiliser son intellect, c'est sortir du conformisme, de l'image que l'on a de soi et des typologies socioculturelles du milieu que l'on côtoie.

Par ailleurs, il me semble intéressant de préciser dans ce chapitre des éléments de caractérologie qui ont été très utiles à mes patients, bien que cela n'ait apparemment rien à voir avec la psychogénéalogie. Ces données permettent de mieux se connaître, donc de développer ses potentialités et de vivre plus harmonieusement.

Par exemple, nous nous considérons comme paresseux — encore un jugement moral. La paresse, cela n'existe pas en psychologie. Nous sommes tout simplement non motivés. Le jour où nous aurons trouvé ce qui nous intéresse vraiment, nous travaillerons sans difficulté. Il existe deux types de caractère face à l'action : la personnalité active et la personnalité non active. Quand nous sommes de type actif, nous nous levons en général spontanément et en forme, nous agissons par nécessité d'agir, nous travaillons régulièrement, méthodiquement, nous respectons nos plans, nous sommes organisé(e) et tout marche comme une merveilleuse mécanique. À ceci près, que la typologie active évoque le coureur de fond et non le sprinter. Tout à coup, un actif s'écroule psychologiquement, parce que les conditions de travail de son entreprise ne lui conviennent plus. Il faut donner des à-coups, il y a des délais urgents et des phases plus calmes. Ce rythme lui convient très mal, car il a besoin d'une activité régulière et constante. Parfois, il s'effondre par surmenage. Il fuit en avant pour masquer une angoisse plus profonde. Il ne peut plus s'arrêter, il devient ce que l'on appelle « un alcoolique du travail », tel un drogué. Pour peu que dans l'arbre généalogique, père et mère ne se soient jamais accordés de répit, ce modèle d'hyperactivité se trouve renforcé. Quand, par exemple, une active souffre d'un choc émotionnel, elle brique alors sa maison de fond en comble ; un actif révise sa voiture. Nous convenons avec certains patients dans ce cas d'un exercice pratique qui consiste à ne rien faire pendant quinze minutes par jour. Anodin, semble-t-il. Terriblement difficile à mettre en pratique parce que l'actif confond faire et être, agir et vivre.

Le malheureux non actif, lui, est complètement culpabilisé. Il ne travaille pas du tout selon ce schéma. Et dans une société où sont montées en épingle l'efficacité, la rapidité, la performance, il se critique et se dévalorise, car il ne sait pas comment il fonctionne. Le non actif n'agit pas par nécessité, il agit par motivation. Il est plutôt du soir que du matin, il repousse à plus tard les corvées, il sait très bien remettre au surlendemain ce qui ne l'intéresse pas. Par exemple, il dépose à la dernière seconde sa déclaration d'impôts dans la boîte aux lettres du Trésor public. Si le non actif a un projet à rendre, il s'y met la veille au soir. Il agit lorsqu'il est acculé, dans l'urgence. Mais ce projet, cela fait quinze jours qu'il y pense, qu'il rumine, qu'il travaille sans en avoir l'air. Il ne s'en rend pas compte et c'est bien cela qui lui pose des problèmes. Il ne fait pas les choses, il les ressent, il s'en imprègne. Les choses se font à travers lui. Beaucoup de bourreaux de travail sont des non actifs, souvent des intuitifs, des créateurs, des artistes, des imaginatifs. « Guérir » un non actif, c'est lui expliquer son fonctionnement pour qu'il l'utilise au mieux et qu'il arrête de s'en vouloir. Un danger le guette : la dépression, quand rien ne suscite plus son intérêt. Sur le plan généalogique, on demande parfois à un fils ou à une fille d'exercer une profession parce que c'est celle dont rêvent le père, la mère ou une partie de la famille. Le non actif est incapable de faire des études uniquement pour faire plaisir à ses parents. S'il n'arrive pas à se passionner pour cet enseignement, il essuiera échec sur échec. Il est fondamental qu'il soit attentif à ses intérêts et à ses goûts. Il est également particulièrement réceptif à l'ambiance dans laquelle il travaille. Celle-ci peut le stimuler énormément. À l'inverse, des problèmes avec des collègues l'affectent profondément. C'est une « éponge ».

Autre exemple, notre famille nous a répété « Tu n'as pas de cœur », « Tu es insensible ». Nous sommes tout simplement non émotif ou non émotive. Prenons deux situations. Un accident de voiture vient de se produire, la personne émotive ne va pas forcément pouvoir apporter une aide efficace, étant elle-même en état de choc. La personne non émotive organise les secours immédiatement de manière logique, rationnelle, elle n'est pas perturbée par ses émotions même si elle est affectée par ce qui est arrivé. Deuxième cas : le journal télévisé montre les conséquences d'un tremblement de terre ou d'une famine. L'individu émotif est bouleversé, pleure, souffre. Le non émotif reste calme.

Un des drames de notre éducation est de confondre émotion et amour. Peu importe d'être ému(e) ou non par la détresse des autres, ce qui est utile c'est de les secourir. En l'occurrence, envoyer un chèque est plus important que compatir sans aider concrètement. Comment travailler psychologiquement ces deux typologies ? L'émotif tente peu à peu de cesser de se confondre avec ses émotions, de ne plus être submergé par elles pour lui permettre d'agir plus librement. À l'inverse, le non émotif développe progressivement sa spontanéité affective, l'expression de ses sentiments.

Souvent, un(e) patient(e) me dit, consterné(e) : « Mon chef de service m'a fait une réflexion, je suis resté(e) sans voix, j'aurais dû lui répondre, mais je n'y ai pensé que le lendemain. Je suis vraiment idiot(e). » Cette personne n'est pas stupide, elle est secondaire. Cela signifie qu'elle réagit aux situations avec un temps de latence et qu'elle a besoin de délai pour les intégrer. C'est un avantage quand les événements demandent réflexion, mais perçu comme un handicap quand une réponse immédiate est souhaitée. Le secondaire doit s'exercer à être plus vigilant à ce qu'il ressent, à s'apercevoir plus rapidement que certaines choses ne lui conviennent pas. Généralement il refoule ce malaise ou bien il se sent inconfortable sans trop savoir pourquoi.

Au contraire, le primaire réagit sur-le-champ : sa réaction est fulgurante, parfois maladroite. Il est tout content d'avoir répondu du tac-au-tac, mais peut aussi ne pas avoir pris le temps de réfléchir, de se désidentifier du contexte. Le primaire ayant pris conscience de sa typologie est alors capable de retarder légèrement sa réaction par des techniques toutes simples : prendre le temps d'une respiration profonde avant de s'exprimer, attendre quelques minutes avant de réagir, reporter au lendemain sa réponse. La sagesse populaire a des expressions très imagées à ce propos : « Tourner sa langue sept fois dans sa bouche avant de parler », « La nuit porte conseil ».

Ces traits de caractère acquis à la naissance sont susceptibles d'être amplifiés par l'histoire psychogénéalogique. Un travail sur soi permet d'utiliser au mieux ces facettes de notre personnalité.

LES DIFFÉRENTES FORMES DE « PSY »

Le monde de la « psy » et les différentes formes de thérapie ne sont pas toujours très bien connus du grand public. Il me semble utile de fournir certaines explications. Je prie par avance mes confrères exerçant dans d'autres disciplines que la mienne de bien vouloir excuser ce qu'ils pourront juger trop simpliste.

Il est encore difficile, pour certaines personnes, de se décider à prendre rendez-vous chez un « psy ». Si aux États-Unis la psychanalyse fait partie des « must », en France, on a encore tendance à confondre recours au « psy » et folie. D'autre part, à juste titre, beaucoup redoutent de s'embarquer dans une dépendance financière et psychologique pour de longues années.

Trois formations permettent d'exercer la psychothérapie et la psychanalyse.

Les psychiatres sont des médecins qui ont suivi une spécialisation en psychiatrie. Cette spécialité enseigne une classification des différentes maladies mentales ainsi que leurs symptômes. Elle étudie également la biologie du cerveau qui est en début d'investigation et la pharmacologie afférente. Certains traitent névroses et psychoses uniquement par prescription de médicaments.

D'autres ont fait parallèlement un travail sur eux-mêmes, ce qui leur permet d'être psychiatres-psychanalystes ou psychiatres-psychothérapeutes. En tant que médecins, leurs honoraires sont en partie remboursés par la Sécurité Sociale.

Les psychologues ont une licence ou une maîtrise ou un diplôme de troisième cycle en psychologie. Tous les psychologues ne sont pas thérapeutes. Certains, par exemple, travaillent en entreprise dans les services de relations humaines, dans le recrutement ou dans la publicité. D'autres exercent en milieu scolaire, en hôpital, dans les prisons. Les psychologues-thérapeutes ont également fait un travail sur eux-mêmes pour connaître leur moi profond et ne pas projeter sur leurs patients leur propre problématique. Ils sont psychothérapeutes ou psychanalystes. N'étant pas médecins, leurs honoraires ne sont pas remboursés par la Sécurité Sociale.

Des thérapeutes ont éventuellement des diplômes universitaires autres qu'en psychologie. Ils ont fait une analyse ou une psychothérapie approfondie qui leur permet à leur tour d'être psychanalystes ou psychothérapeutes. Leurs honoraires, également non remboursés, sont assujettis en France à la T.V.A., de même que pour les psychologues n'ayant pas de maîtrise en psychologie.

La psychanalyse est fondée sur une recherche en profondeur ayant pour but d'explorer l'inconscient et de dénouer les structures du moi. C'est un long voyage intérieur parfois difficile, qui se joue sur le transfert du patient envers l'analyste et le contre-transfert de l'analyste envers le patient. La psychanalyse a pour objet le discours du patient, ses mots, ses rêves. Il existe de multiples écoles analytiques. Toutefois, les grands axes sont constitués par les références à Freud, à Jung et à Lacan. Freud, le créateur de la psychanalyse, découvrit l'inconscient, ses manifestations dans les pulsions, les rêves, les actes manqués, les lapsus. Il révéla également les différents stades de la sexualité infantile, les castrations — ou limites — nécessaires au développement de l'être humain. Les psychanalystes freudiens travaillent en général au rythme de plusieurs séances par semaine, de trente minutes à une heure.

Jung, disciple de Freud, s'éloigna ensuite de lui. Il élabora les concepts d'animus, partie masculine de la psyché féminine, et d'anima, partie féminine de la psyché masculine. Il s'intéressa non seulement à l'inconscient personnel mais dégagea la notion d'inconscient collectif auquel il rattacha les grands archétypes du psychisme humain : la Mère, le Père, Dieu, etc. Les psychanalystes jungiens consultent souvent au rythme d'une séance d'une heure par semaine.

Lacan a effectué une relecture de l'œuvre de Freud. Il s'est consacré à de nombreuses recherches dont l'association des phonèmes dans le langage. Un psychanalyste lacanien écoute, bien sûr, ce que dit le patient et la façon dont il s'exprime, mais aussi la liaison des mots entre eux et des syllabes entre elles. Les séances hebdomadaires sont plus nombreuses et beaucoup plus courtes.

On commence une psychanalyse par des séances assis (e), en face à face ou parallèlement au psychanalyste. On continue ensuite allongé(e) sur le divan, le psychanalyste étant derrière soi, hors du champ visuel.

La psychothérapie est une technique tout à fait différente. Elle a pour but de délier ce qui empêche le patient de vivre sans toutefois toucher aux structures qui lui conviennent. C'est un travail moins profond sur l'inconscient, plus rapide dans le temps, moins destructurant pour la personnalité. Les entretiens se font en face à face, il y a dialogue entre patient et psychothérapeute bien que certains psychothérapeutes imitent à tort le mutisme des psychanalystes. Le transfert y est moins essentiel. En général, les psychothérapeutes exercent au rythme d'une séance hebdomadaire de quarante-cinq minutes ou d'une heure. Certains d'entre eux animent, également ou uniquement, des ateliers ou des stages de travail thérapeutique en groupe.

Il existe plusieurs sortes de psychothérapie.

La psychothérapie analytique reprend les bases théoriques de la psychanalyse : rôle de l'inconscient, analyse des rêves, etc. La psychothérapie comportementale s'attache, comme son nom l'indique, davantage au comportement, à l'expression de la personnalité, qu'aux mécanismes profonds sous-jacents. Elle est souvent utilisée en entreprise pour développer et harmoniser les rapports humains. Citons en particulier parmi ces techniques, la P.N.L. (Programmation neuro-linguistique) et l'A.T. (Analyse transactionnelle).

D'autres formes de thérapie ont chacune leur intérêt : Thérapie familiale, Gestalt, Cri primal, etc. Certaines ont pour base l'approche du corps : Massage californien, Massage sensitif, Bio-énergie, etc. Impossible d'être exhaustif.

Le « New Age » a fait apparaître de nombreuses techniques de relaxation, de méditation, d'éveil aux sensations. Ce sont des méthodes davantage « spi » — concernant le développement spirituel — que réellement « psy », consistant en une investigation de soi.

La psychanalyse traditionnelle, notamment freudienne et lacanienne, a oublié « qu'après avoir remué la terre, il est bon de planter des fleurs ». À l'inverse, d'autres méthodes ensemencent des jardins paradisiaques, en pure perte, car le sol n'a pas été travaillé.

LA THÉRAPIE EN PSYCHOGÉNÉALOGIE

La thérapie en psychogénéalogie est une psychothérapie analytique. Elle n'a rien à voir avec une psychanalyse ou une thérapie comportementale. Elle est également différente à certains égards des psychothérapies traditionnelles comme nous le verrons ultérieurement.

Une psychothérapie, c'est un travail qui se fait à deux, patient et thérapeute. Comme l'exprime très bien Karlfried Graf Durckheim, « thérapeute ne veut pas dire celui qui soigne mais celui qui accompagne sur le chemin ». Ce n'est pas le thérapeute qui, miraculeusement, vous fait renaître à votre vrai moi et à votre vraie vie. C'est vous qui allez comprendre, ressentir, opérer l'alchimie intérieure, c'est vous qui allez vous transformer et vous guérir et personne d'autre.

Alors, pourquoi consulter un psychothérapeute, pourquoi avoir besoin de quelqu'un d'autre ? Une psychothérapie, c'est une histoire d'amour et de compétence. Consciemment, le patient vient chercher une connaissance, une compréhension de son psychisme, un dialogue. C'est pourquoi je suis hostile aux thérapeutes muets. Inconsciemment, le consultant attend d'être écouté, entendu, compris, sans projection, sans jugement, avec patience et bienveillance. Le thérapeute vous tend le miroir dans lequel vous vous découvrez peu à peu tel que vous êtes.

Opposés aux silencieux mais tout aussi pernicieux sont les psychothérapeutes qui parlent trop. Ce sont souvent des maman poule ou des papa poule qui ont tendance à submerger leurs patients de leurs bons conseils. Ils tombent alors dans le piège de l'infantilisation du consultant : « Fabriquez-moi un miracle, prenez-moi en charge, décidez pour moi. » Le travail d'un psychothérapeute compétent est d'aider le patient à trouver lui-même la solution qu'il porte en lui.

Le thérapeute vous donne l'amour inconditionnel que vous attendiez de votre famille et spécialement de vos parents. Il s'établit ainsi une relation affective privilégiée, ce que l'on appelle le transfert. Vous projetterez sur le thérapeute toute la gamme des sentiments que vous avez éprouvés pendant votre enfance : désir de fusion, identification et mimétisme, amour, rejet, colère, haine. Il n'y a pas de travail sur soi sans affect. À travers cette valse d'émotions contradictoires que vous exprimez, vous apprenez à vous dégager des mécanismes psychologiques que vous répétez en fonction de votre histoire familiale. Si dans la majorité des cas tout se passe bien, il faut mentionner quelques transferts qui se terminent mal. Le consultant refuse de communiquer avec son thérapeute, devenu objet d'aversion, et arrête son travail. Je dis souvent à mes patients : « Vous avez le droit de m'en vouloir, d'être en colère, de me détester, mais dites-le moi, cela nous permettra de l'analyser ensemble. »

La psychothérapie est également affaire de capacité du patient. Il faut d'abord qu'il soit prêt, c'est-à-dire qu'il ne supporte plus son mal-être et qu'il accepte de se remettre en cause, d'analyser, de comprendre, d'intégrer, de se transformer. On me demande parfois : « Mais cela n'est pas déprimant ces gens qui viennent vous voir parce qu'ils vont mal ? » Non, cela n'est pas déprimant parce qu'ils évoluent et souvent rapidement. Ce qui est désespérant, c'est de percevoir des êtres, au travers des multiples circonstances de la vie quotidienne, qui font eux-mêmes leur malheur et par conséquent celui des autres ; des personnes qui souffrent et font souffrir dans la plus parfaite méconnaissance d'elles-mêmes.

Quand un patient vient consulter un thérapeute, la moitié du chemin est accomplie. Bien sûr, dès la première séance, il est indispensable qu'il se sente bien avec lui. Si ce n'est pas le cas, il faut en chercher un autre. Une personne qui débute un travail sur soi commence à prendre sa vie en main. Elle n'est plus victime de ce que l'on appelle le hasard ou les événements ; elle sent intuitivement qu'elle est responsable de ce qui lui arrive, qu'elle y est pour quelque chose. C'est déjà le début de la renaissance.

Comment s'effectue une psychothérapie en psychogénéalogie ? Quelles sont ses spécificités, ses particularités ? Bien sûr, chaque cas est différent, chaque relation thérapeutique unique. Le patient n'est pas au service de la méthode mais la méthode est au service du patient.

Quelqu'un prend rendez-vous parce qu'il a des problèmes. Ceux-ci peuvent être de tous ordres : personnel, affectif, sexuel, professionnel, relationnel. Certains ont de graves difficultés avec leur parenté, leur conjoint ou leurs enfants. D'autres souffrent dans leur corps. D'autres encore sont mal dans leur peau. Ou sont inhibés, dépressifs, angoissés, phobiques, suicidaires.

Au cours de notre premier entretien, j'aide cette personne à exprimer ce dont elle souffre. Je m'assure qu'il ou elle est prêt(e) à faire un travail psychologique. Il est impossible d'entreprendre une thérapie si le patient n'a pas un but : que veut-il, que veut-elle changer, transformer en soi et dans sa vie ? Il est évident que cet objectif évolue, s'enrichit au cours de son travail. Mai: s'il n'y a pas de motivation suffisamment claire et importante au départ, mieux vaut attendre pour commencer ; ou bien encore, cette démarche ne convient peut-être pas. Cependant le fait de prendre rendez-vous révèle une décision longuement mûrie.

Très vite, nous commençons à explorer ensemble des éléments de l'arbre généalogique du consultant pour aller à la recherche des causes de ses maux. À la fin de cette première heure de travail, je demande au patient s'il se sent à l'aise avec moi et souhaite continuer. Si oui, nous reprenons date.

Il est exceptionnel que je reçoive chaque semaine, sauf cas d'urgence. En général, nous nous rencontrons tous les quinze jours ou toutes les trois semaines. Les séances sont denses et il faut du temps pour intégrer le matériel travaillé.

L'originalité de la thérapie en psychogénéalogie consiste en l'analyse systématique non seulement des parents, des frères et sœurs, des cousins et cousines, mais aussi des grands-parents, des oncles et tantes, voire des arrière-grands-parents ou des amis proches de la famille.

Cela permet de ne plus être victime des funestes malédictions de notre enfance. Si nos parents ont agi ainsi avec nous, c'est qu'eux-mêmes étaient prisonniers de leur vécu familial douloureux. Comprendre qu'il s'agit d'une chaîne de malheurs que nous sommes en mesure de rompre pour nous et nos enfants fait de nous des êtres libérés. Il importe de guérir en nous la souffrance de nos parents. Tant que nous n'y sommes pas parvenu, tant que nous n'avons pas éprouvé ce qu'ils ont éprouvé, quelque chose subsiste en nous de leur douleur et nous emprisonne encore. Nous ne nous libérerons qu'en les libérant. Après avoir exprimé notre souffrance, notre ressentiment, notre colère, notre haine, nous pouvons peu à peu pardonner. À nous d'abord, car au fond toutes ces projections, toutes ces identifications n'ont rien à voir avec notre vrai moi. Aux membres de notre famille ensuite, qui n'ont pas la chance de pouvoir se vivre en plénitude.

Certains patients ne connaissent que très peu leur arbre généalogique et craignent de ne pas avoir assez de renseignements. Parfois, au fil des séances, il leur est possible de s'informer auprès des membres de leur parenté. Quand ce n'est pas le cas, nous travaillons essentiellement sur le fantasme du patient. Il n'y a pas de vérité objective en psychogénéalogie. Ce n'est pas une méthode d'analyse historique. Nous nous attachons à la façon dont vous et vous seul avez intégré votre généalogie. J'ai eu la chance d'accompagner plusieurs frères et sœurs de la même famille. Chacun avait une psychogénéalogie complètement différente.

La thérapie psychogénéalogique est une méthode d'investigation extrêmement rapide. En une dizaine d'heures, le patient peut appréhender l'origine de ses problèmes. Cependant, une chose est de savoir, une autre est d'intégrer et de guérir. Les séances individuelles servent à démêler, puis comprendre et enfin assimiler.

Toutefois, toute prise de conscience qui n'est qu'intellectuelle et ne comporte pas de travail émotionnel est insuffisante pour se transformer. Il ne suffit pas de connaître les causes de sa souffrance, il faut renaître à soi-même et au bonheur de vivre.

C'est pourquoi l'autre phase fondamentale d'un travail en psychogénéalogie consiste en la participation à des stages de groupe. J'anime ces temps forts de la thérapie pour deux raisons. D'une part, ce n'est qu'en revivant les traumatismes familiaux, en les mettant en scène, qu'on peut s'en libérer émotionnellement. D'autre part, seul le groupe permet l'élaboration symbolique de sa véritable personnalité et donc de sa guérison.

Par ailleurs, j'encourage mes patients à faire parallèlement un travail sur le corps avec d'autres thérapeutes exerçant dans ce domaine. Le corps est le lieu de l'inconscient. Des massages appropriés, notamment, permettent de retrouver sa mémoire archaïque et de faciliter la recherche sur soi. Ils aident également à la libération des énergies bloquées et entraînent conjointement une mutation aboutissant à une renaissance psychologique.

LA DIFFUSION DE LA PSYCHOGÉNÉALOGIE

La notion de psychogénéalogie commence à émerger dans l'inconscient collectif. Il en est pour témoin le succès des séries télévisées ayant pour thème les sagas familiales. De même, de nombreux scenarii de films ont pour base des histoires généalogiques.

Toute psychothérapie, toute psychanalyse s'intéresse à l'enfance. Comme le dit très joliment un patient : « Nous sommes tous les enfants de notre enfance. » Mais généralement on ne prend en compte que la famille immédiate : mère, père, frères et sœurs. Il est rare que l'on analyse les oncles et tantes, les grands-parents lorsque l'on ne les a pas connus, a fortiori les arrière-grands-parents.

Je souhaite de tout cœur que la thérapie en psychogénéalogie ne reste pas ma spécialité. Mon plus cher désir est de former d'autres psychothérapeutes à cette technique.

Cette formation s'adresse en premier lieu à des praticiens qui exercent déjà et qui souhaitent élargir leur champ d'investigation. Elle concerne également, précédée d'un travail approfondi sur soi, des étudiants en psychologie et des personnes, psychologues ou non, qui désirent pratiquer ultérieurement la psychothérapie généalogique. Enfin, elle peut informer davantage ceux qui ont une profession d'aide à autrui et de contact : médecins, infirmières, enseignants, éducateurs, assistantes sociales, etc.

Dans quelques années peut-être, les bases des mécanismes psychogénéalogiques seront enseignées à l'école. Que de souffrances pourraient ainsi être épargnées et combien de potentialités pourraient ainsi s'épanouir librement !

TABLE DES MATIÈRES

La psychogénéalogie 11
Introduction 13

1. PROJECTIONS

Être conçu 19
Naître 25
Prénoms 29
Être bébé 35
Étiquettes 39

2. IDENTIFICATIONS

Les processus d'identification 47
Les identifications à la mère 55
Des exemples de mères 59
Des exemples de femmes 75
Les identifications au père 89
Des exemples de pères 95
Des exemples d'hommes 111
Les identifications au couple 121
Les identifications aux frères et aux sœurs 129
Des exemples d'identifications dans la fratrie 131
Des exemples de place dans la fratrie 139
Les identifications aux grands-parents 151

3. RÉPÉTITIONS

Les mécanismes de répétitions 161
L'héritière 163

Ma pauvre petite fille 167
La virilité inaccessible 171
La vie n'est pas une partie de plaisir 175
N'être qu'une femme 179
Refaire l'amour 183
La terreur d'accoucher 187
Tu es vraiment nulle 191
Trio infernal 195
Un père exemplaire 199
Ambivalence 203
Anorexie 207
Le sperme coupable 211
Monsieur Salomon 215
Mourir pour l'ÉNA 219
Un cancer du sein 221

4. SE LIBÉRER

Renaître 227
Les différentes formes de « psy » 237
La thérapie en psychogénéalogie 241
La diffusion de la psychogénéalogie 247

Au catalogue
Marabout

Psychologie

Aimer tout le monde
S. Ananda .... 3642 37 FF
Amour sans condition (L')
L. Hay .... 3662 39 FF
Analyse transactionnelle (L')
R. De Lassus .... 3516 46 FF
Auto-analyse (L')
K. Horney 3577 46FF
150 tests d'intelligence
J.-E. Klausnitzer .... 3529 39 FF
Ces gens qui vous empoisonnent l'existence
L. Glas .... 3597 39 FF
Cette énergie qui est en vous
Dr D. Chopra .... 3658 37 FF
Cette famille qui vit en nous
C. Rialland .... 3636 39 FF
Comment lui dire?
Dr C. Foster .... 3596 39 FF
Comment réussir dans la vie
Groupe Diagram .... 3545 39 FF
Communication efficace par la PNL (La)
R. De Lassus .... 3510 46 FF
Convaincre grâce à la morpho-psychologie
B. Guthmann - P. Thibault .... 3574 39 FF
Découvrir son profil psychologique
G. Azzopardi .... 3592 37 FF
Dessinez vos émotions
M. Phillips - M. Comfort .... 3643 37 FF
Développez votre intelligence
G. Azzopardi .... 3513 46 FF

Principe de non violence (Le)
J. M. Muller .... 3657 46 FF
Prodigieuses victoires de la psychologie (Les)
P. Daco .... 3504 46 FF
Psy de poche (Le)
S. Mc Mahon .... 3551 39 FF
Psychologie et liberté intérieure
P. Daco .... 3503 46 FF
Puissance de la pensée positive (La)
N. V. Peale .... 3607 39 FF
QE, QI : dopez votre intelligence
G. Azzopardi .... 3586 39 FF
80 tests de logique
J.-E. Klausnitzer .... 3530 37 FF
Quel est votre type psycho-sexuel ?
G. d'Ambra .... 3588 39 FF
Réinventer le couple
C. Rogers .... 3589 39 FF
Réussissez les tests d'intelligence
G. Azzopardi .... 3512 39 FF
Secrets de famille, mode d'emploi
S. Tisseron .... 3573 37 FF
7 points clés pour bien communiquer (Les)
J.-P. Juès .... 3581 39 FF
Testez votre quotient émotionnel
G. d'Ambra .... 3571 39 FF
Tests psychologiques (Les)
C. Césari .... 3533 37 FF
Tests sans stress
A. Bacus .... 3524 39 FF
Transformez votre vie
L. Hay .... 3633 39 FF

Maîtriser ses phobies
R.Stern .... 3600 39 FF
Maladies psychiques (Les)
M. Tschui .... 3569 39 FF
Maxi tests
G. d'Ambra-Azzopardi .... HC 69 FF
Méditer au quotidien
H. Gunaratana .... 3644 39 FF
Mémoire au fil de l'âge (La)
Y. Ledanseurs .... 3593 39 FF
Mère Teresa, foi et compassion
N. Chawla et R. Rai .... 3654 43 FF
Mesurez votre Q.I.
G. Azzopardi .... 3527 37 FF
Méthode Coué (La)
E. Coué .... 3514 39 FF
Méthode Silva (La)
J. Silva - Ph. Miele .... 3591 39 FF
Moments vrais (Les)
B. De Angelis .... 3646 43 FF
Oser être gagnant par l'analyse transactionnelle
R. De Lassus .... 3620 39 FF
Oser être soi-même
R. De Lassus .... 3603 39 FF
Parle, je t'écoute
K. Rosenberg .... 3598 39 FF
Plénitude de l'instant (La)
Thich Nhat Hanh .... 3655 37 FF
Plus loin sur le chemin le moins fréquenté
S. Peck .... 3639 39 FF
Poids qui me convient (Le)
Dr D. Chopra .... 3660 37 FF

Dictionnaire des rêves
L. Uyttenhove........................... 3542 37 FF
Digestion et bien-être
Dr D. Chopra............................. 3661 37 FF
Dormir enfin sereinement
Dr D. Chopra............................. 3659 37 FF
Efficace et épanoui par la PNL
R. De Lassus .... 3563 39 FF
Ennéagramme facile (L')
R. Baron - E. Wagele..................... 3584 39 FF
Ennéagramme (L')
R. De Lassus .... 3568 43 FF
Etats non ordinaires de conscience (Les)
M. Nachez .... 3640 46 FF
Force est en vous (La)
L. Hay................................... 3647 39 FF
Gestalt, l'art de contact (La)
S. Ginger................................ 3554 46 FF
Grand livre des tests de Q.I.
A. Bacus .... HC 69 FF
Guide des fantasmes
A. Hess.................................. 3567 43 FF
Harcèlement psychologique (Le)
D. et K. Rhodes .... 3595 39 FF
Intelligence du coeur (L')
I. Filliozat............................. 3580 46 FF
Interprétation des rêves (L')
P. Daco.................................. 3501 39 FF
Langage des gestes (Le)
D. Morris................................ 3590 39 FF
Le bonheur est fait d'instants successifs
M. Mercier............................... 3652 39 FF
Livre de bord des tests (Le)
A. Bacus .... HC 125 FF

Triomphes de la psychanalyse (Les)
P. Daco .... 3505 46 FF
Trop bien pour partir, pas assez pour rester
M. Kirchenbaum .... HC 99 FF
Vaincre les ennemis du sommeil
Dr C.M. Maurin .... 3599 39 FF
Vérité vous rendre libre (La)
O. Clément .... 3656 43 FF
Vitamines pour l'âme
J. Canfield - M. Hansen .... 3645 39 FF
Voies étonnantes de la nouvelle psychologie (Les)
P. Daco .... 3502 46 FF

GROUPE CPI

Achevé d'imprimer
en septembre 2000 par
BUSSIÈRE
à Saint-Amand-Montrond (Cher)

N° D'IMP. : 2190.
D. L. N° 6679 – SEPTEMBRE 2000.
ISBN 2-501-02728-0
Imprimé en France

3636
MARABOUT